L'ENFANCE PEUR POUR ENFANTS 8-12

MAÎTRISEZ VOS BLESSURES DU PASSÉ, GUÉRISSEZ, CESSEZ DE VOUS SENTIR DE SE SENTIR BLOQUÉ ET DE FAIRE FACE AU TROUBLE DE STRESS POST-TRAUMATIQUE GRÂCE À LA CBT

Par

Carol C.

Serene Publications

À propos de l'auteur

La Dre Carol C. est une psychologue distinguée, une auteure publiée et une conférencière motivatrice dynamique, avec plus de 15 ans d'expérience spécialisée dans le traitement des traumatismes infantiles, du trouble de stress post-traumatique et des problèmes de santé mentale connexes. L'approche multidimensionnelle de la Dre Carol C est fondée sur la conviction que chaque enfant et adolescent possède un potentiel inexploité et des forces uniques, attendant d'être débloqué. Grâce à ses techniques thérapeutiques de pointe, à ses ateliers stimulants et à ses conseils compatissants, elle aide les jeunes de tous les horizons à surmonter l'adversité et à transformer leur vie de survivante à épanouie.

TABLE DES MATIÈRES

Quelques mots pour les étoiles montantes

Chers jeunes lecteurs,

Je suis ravie de vous présenter « L'ENFANCE PEUR POUR ENFANTS 8-12 », un guide pour vous aider à maîtriser vos blessures passées et à guérir du trouble de stress post-traumatique. Ce livre est spécialement conçu pour vous, avec des exercices interactifs, des conseils utiles et des activités amusantes pour vous guider tout au long du processus de guérison.

Les traumatismes de l'enfance peuvent être difficiles à gérer, mais avec l'aide de ce manuel, vous pouvez apprendre à faire face à vos sentiments, à surmonter les pensées négatives et à commencer à vous sentir mieux. Le livre vous apprendra comment utiliser les techniques de thérapie cognitivo-comportementale pour défier les pensées négatives, renforcer l'estime de soi et gérer l'anxiété.

Grâce à ce livre, vous apprendrez à passer de la survie à la prospérité et à devenir la meilleure version de vous-même. Alors, commençons ensemble ce voyage vers la guérison et le bonheur!

Introduction

« Les blessures causées par les traumatismes de l'enfance peuvent ne jamais disparaître complètement. »

« L'incapacité de dépasser l'impact d'un traumatisme infantile peut être une tragédie plus grande que le traumatisme lui-même. »
- Dr. Bessel van der Kolk

« Bien qu'il ne s'agisse pas d'une condamnation à perpétuité, les effets d'un traumatisme de l'enfance peuvent être une lutte tout au long de la vie. »

« La blessure du traumatisme de l'enfance peut persister parce qu'on ne l'a jamais laissée guérir complètement. »

Les traumatismes de l'enfance peuvent affecter n'importe qui, même les célébrités, qui en sont atteints. Un tel exemple est Oprah Winfrey, l'une des personnalités médiatiques les plus réussies et les plus aimées au monde. L'enfance traumatisante d'Oprah a commencé alors qu'elle n'avait que neuf ans et que sa mère l'a envoyée vivre avec son père à Nashville. Là, Oprah a été victime d'abus physiques et émotionnels de la part de son père et des membres de sa famille. Elle a également été victime d'abus sexuels de la part de plusieurs hommes, dont des membres de sa famille, un ami de sa mère et un adolescent de son quartier.

Malgré le traumatisme qu'elle a subi, Oprah a persévéré et est devenue l'une des femmes les plus prospères et les plus influentes au monde. Grâce à la thérapie et à l'auto-réflexion, elle a pu faire face à ses traumatismes passés et utiliser ses expériences pour aider les autres à guérir. L'histoire d'Oprah nous rappelle que les traumatismes de l'enfance ne définissent pas l'avenir d'une *personne et qu'avec les bons outils et le bon soutien, n'importe qui peut surmonter ses blessures passées et s'épanouir.*

Une personne célèbre qui a partagé son histoire de traumatisme d'enfance est l'actrice et comédienne Tiffany Haddish. Dans ses mémoires « La dernière licorne noire », elle écrit qu'elle a grandi en famille d'accueil et qu'elle a été victime de négligence et d'abus de la part de sa mère. Haddish explique également comment ses expériences traumatisantes ont affecté sa santé mentale et ses relations à l'âge adulte, y compris ses luttes contre le trouble de stress post-traumatique et ses pensées suicidaires. Malgré ces défis, Haddish a trouvé la guérison grâce à la thérapie et à l'humour, en utilisant sa plate-forme pour sensibiliser le public aux traumatismes de l'enfance et plaider en faveur d'un meilleur soutien aux enfants en famille d'accueil.

Les effets des traumatismes de l'enfance peuvent être profonds et peuvent affecter des personnes de tous les milieux ou groupes d'âge, indépendamment du sexe, du statut socioéconomique ou du patrimoine culturel. Les traumatismes de l'enfance peuvent se manifester de nombreuses façons, y compris, mais sans s'y limiter, la violence physique, émotionnelle ou sexuelle, la négligence ou l'exposition à la violence ou à des événements catastrophiques. Les effets des traumatismes de l'enfance peuvent être profonds et durables, affectant la santé mentale, émotionnelle et physique d'une personne, ainsi que sa capacité à former des relations saines et à réaliser son plein potentiel. Il est important de reconnaître la nature répandue des traumatismes infantiles et de travailler à la création d'un environnement favorable et propice à la guérison pour les personnes touchées.

L'impact des traumatismes de l'enfance est multiforme et pénible, laissant souvent des conséquences durables sur le bien-être d'une personne. Les répercussions d'un traumatisme peuvent apparaître sous différentes formes, telles que l'anxiété, la dépression et le trouble de stress post-traumatique. Les effets d'un traumatisme peuvent être particulièrement difficiles pour les enfants, qui peuvent avoir du mal à exprimer leurs émotions et à demander de l'aide. C'est là qu'intervient le « Cahier d'exercices sur les traumatismes infantiles pour les enfants de 9 à 12 ans.

Ce cahier d'exercices a été conçu pour aider les enfants et leurs parents à comprendre et à faire face aux effets des traumatismes à l'aide de techniques de thérapie cognitivo-comportementale fondées sur des données probantes. Grâce à une série d'exercices stimulants et interactifs, les enfants apprendront à identifier et à gérer leurs émotions, à élaborer des stratégies d'adaptation saines et à développer un sentiment d'auto-compassion et de résilience.

Pour donner un exemple concret, prenons l'exemple d'un enfant qui a été victime de violence physique de la part d'un parent. Le traumatisme peut entraîner des sentiments de peur, d'anxiété et de faible estime de soi. L'enfant peut avoir du mal à exprimer ces émotions et à se retirer des interactions sociales. Cependant, en utilisant les techniques décrites dans ce manuel, l'enfant peut apprendre à identifier et à exprimer ses émotions, à développer des mécanismes d'adaptation sains et à renforcer son estime de soi. Grâce au soutien d'un adulte de confiance et aux exercices contenus dans le cahier d'exercices, l'enfant peut commencer à guérir de son traumatisme et à mener une vie plus saine et plus heureuse.

Dans l'ensemble, « L'ENFANCE PEUR POUR ENFANTS 8-12 » est une ressource essentielle pour tout parent dont l'enfant a vécu un traumatisme et qui cherche à aller au-delà de la survie pour s'épanouir. Ce cahier d'exercices permet aux enfants de prendre le contrôle de leur cheminement de guérison et de se bâtir un meilleur avenir en leur offrant un environnement sûr et compatissant leur permettant d'explorer leurs émotions et d'élaborer des stratégies d'adaptation saines.

Chapitre 1: Comprendre les traumatismes de l'enfance

Le traumatisme de l'enfance est une expérience émotionnellement chargée et pénible qui découle de la survenance d'un événement traumatique ou d'une série d'événements traumatiques pendant l'enfance. Les effets profonds du traumatisme peuvent persister longtemps après l'expérience et peuvent affecter profondément le bien-être émotionnel, psychologique et physique d'un enfant. Les événements qui causent un traumatisme peuvent prendre de nombreuses formes, telles que la violence physique, émotionnelle ou sexuelle, la négligence, les catastrophes naturelles, les accidents ou le fait d'être témoin de violence ou d'autres situations pénibles. Les effets du traumatisme peuvent varier en fonction de la gravité du traumatisme, de l'âge de l'enfant au moment du traumatisme et du système de soutien de l'enfant.

Les enfants qui subissent un traumatisme peuvent présenter des symptômes tels que l'anxiété, la dépression, la colère ou la dysrégulation émotionnelle. Ils peuvent être aux prises avec des problèmes de comportement, des troubles du sommeil, des cauchemars, des flashbacks et des difficultés sociales. Il est important que les parents comprennent que les enfants qui ont vécu un traumatisme ont besoin de soins et de soutien spéciaux.

Voici un exemple concret de la façon dont la compréhension des traumatismes de l'enfance peut faire une différence pour les parents:

Samantha est mère de deux jeunes enfants. Son aîné, un fils de 7 ans, a toujours été un peu un défi. Il est facilement déclenché, sujet à des explosions de colère et d'agression, et semble souvent anxieux et nerveux. Samantha a essayé tout ce qu'elle pouvait penser pour aider son fils, qu'il s'agisse de lui parler de ses sentiments ou de le punir lorsqu'il se comporte mal. Mais rien ne semble fonctionner, et elle est à bout de nerfs.

Un jour, l'amie de Samantha suggère que le comportement de son fils pourrait être lié à un traumatisme de l'enfance. Samantha est sceptique au début, mais elle commence à faire des recherches et à en apprendre davantage sur les traumatismes et leurs effets sur les enfants. En lisant sur les symptômes du traumatisme, elle se rend compte que beaucoup d'entre eux décrivent le comportement de son fils. Elle commence également à comprendre que les explosions de son fils ne sont pas le résultat qu'il est « mauvais » ou « difficile », mais plutôt une façon de faire face à ses expériences.

Avec cette nouvelle compréhension, Samantha aborde son fils différemment. Au lieu de le punir pour son comportement, elle commence à écouter de plus près ce qu'il essaie de communiquer. Elle lui pose des questions ouvertes et valide ses sentiments. Elle commence également à intégrer des activités plus apaisantes dans leur routine quotidienne, comme lire ensemble ou faire du yoga. Lentement mais sûrement, Samantha voit un changement dans le comportement de son fils. Il est toujours sujet aux explosions, mais elles sont moins fréquentes et moins intenses. Il est également plus disposé à parler à sa mère de ce qui se passe avec lui.

En prenant le temps de comprendre les traumatismes de l'enfance et leurs effets sur son fils, Samantha est en mesure d'aborder la parentalité d'une manière plus empathique et efficace. Elle est en mesure de fournir à son fils le soutien et les ressources dont il avait

> *besoin pour surmonter son traumatisme et développer des mécanismes d'adaptation sains.*

1.1. Percer le mystère du traumatisme de l'enfance

Le traumatisme de l'enfance est un phénomène complexe et souvent mal compris. Pour percer le mystère des traumatismes de l'enfance, il faut comprendre les différents types de traumatismes qui peuvent survenir, comment les traumatismes affectent les enfants et les façons dont on peut les aider à surmonter les effets des traumatismes.

L'expérience d'un traumatisme de l'enfance peut découler d'une gamme d'événements, y compris la négligence, la violence physique, émotionnelle ou sexuelle, la perte soudaine ou inattendue, l'exposition à la violence ou les catastrophes naturelles. Les effets d'un traumatisme peuvent être à la fois immédiats et durables, ayant un impact sur le développement, le comportement et les relations d'un enfant avec les autres. Les enfants traumatisés peuvent avoir des difficultés de régulation émotionnelle, présenter un comportement agressif ou impulsif et avoir de la difficulté à former des liens sains avec les soignants ou les pairs.

Pour percer le mystère du traumatisme de l'enfance, les parents doivent d'abord reconnaître les signes de traumatisme chez leur enfant. Ceux-ci peuvent inclure des cauchemars, des difficultés à dormir, une hypervigilance et des réactions intenses aux rappels de l'événement traumatique. Une fois identifiés, les parents peuvent aider leur enfant grâce à une variété d'interventions, y compris la thérapie, les groupes de soutien et les activités de réduction du stress comme la pleine conscience ou l'exercice.

Il est important que les parents comprennent que la guérison d'un traumatisme infantile est un processus qui prend du temps et de la patience. Les enfants peuvent avoir besoin d'un soutien et d'une intervention continus pour surmonter les effets d'un traumatisme, et il peut y avoir des revers en cours de route. Cependant, avec le soutien et les ressources appropriés, les enfants peuvent guérir et aller de l'avant dans une direction positive.

1.2. Les multiples visages des traumatismes de l'enfance

Les traumatismes de l'enfance peuvent prendre de nombreuses formes différentes et peuvent avoir un impact profond sur la vie d'un enfant. Elle peut provenir de diverses sources, comme la maltraitance, la négligence, la violence, la perte d'un être cher et d'autres expériences défavorables. Les expériences traumatisantes peuvent se manifester de différentes manières, affectant le développement émotionnel, physique et cognitif des enfants. Certains enfants peuvent présenter des signes évidents de détresse, tandis que d'autres peuvent cacher leur douleur derrière un masque de normalité.

Par exemple, un enfant qui a subi de la violence physique peut montrer des signes de blessures physiques, comme des ecchymoses ou des coupures, mais peut aussi présenter une détresse émotionnelle, comme de l'anxiété ou de la dépression. D'autre part, un enfant qui a été victime de négligence peut ne montrer aucun signe visible de traumatisme, mais peut avoir des difficultés à nouer des relations ou à développer un sentiment de confiance.

De même, un enfant qui a été témoin de violence domestique peut présenter des problèmes de comportement tels que l'agression, tandis qu'un autre enfant qui a subi des abus sexuels peut présenter des comportements d'automutilation ou avoir des difficultés avec l'intimité sexuelle plus tard dans la vie. Ces différents visages du traumatisme de l'enfance rendent difficile l'identification et la prise en compte, mais il est important que les parents reconnaissent les signes et demandent de l'aide si nécessaire.

Il est également important de noter que les traumatismes de l'enfance peuvent avoir des effets à vie sur la vie d'un enfant, ayant un impact sur sa santé mentale, ses relations et sa réussite future. Par conséquent, il est crucial que les parents prennent au sérieux les traumatismes de l'enfance et demandent de l'aide professionnelle si leur enfant a vécu des expériences négatives.

1.3. Les répercussions d'un traumatisme

Les traumatismes de l'enfance peuvent avoir des effets de grande portée qui s'étendent au-delà de la personne qui en fait l'expérience. Comme une pierre jetée dans un étang, les effets d'entraînement d'un traumatisme peuvent être ressentis tout au long de la vie d'une personne, affectant ses relations, sa santé mentale et même sa santé physique. Par exemple, un enfant qui est victime de négligence ou de mauvais traitements à un jeune âge peut grandir avec des problèmes de confiance et avoir du mal à nouer des relations saines à l'âge adulte. Ils peuvent également développer de l'anxiété ou de la dépression, ce qui peut entraîner des problèmes de santé physique tels que des maladies cardiaques ou des douleurs chroniques. Les effets d'entraînement des traumatismes peuvent également avoir un impact sur les générations futures, car les effets des traumatismes peuvent être transmis par des changements épigénétiques dans l'ADN. Il est important que les parents comprennent les effets profonds des traumatismes de l'enfance et cherchent un soutien et un traitement appropriés pour eux-mêmes et leurs enfants afin d'éviter que les effets d'entraînement ne se propagent davantage.

1.4. Comment un traumatisme peut mener à un trouble de stress post-traumatique

Les effets des traumatismes de l'enfance peuvent être profonds et dévastateurs, avec le potentiel de nuire à la croissance émotionnelle et psychologique d'un enfant, conduisant souvent au développement d'un trouble de stress post-traumatique à l'âge adulte. Des événements traumatisants tels que la violence physique ou sexuelle, la négligence, les catastrophes naturelles ou l'exposition à la violence peuvent inonder les mécanismes d'adaptation d'un enfant et briser son sentiment de sécurité. Ces expériences peuvent laisser des empreintes indélébiles sur le développement du cerveau d'un enfant, ce qui peut augmenter considérablement sa vulnérabilité au développement d'un trouble de stress post-traumatique plus tard dans la vie.

Lorsqu'un enfant subit un traumatisme, son cerveau peut passer en mode « combat ou fuite », déclenchant la libération d'hormones de stress telles que l'adrénaline et le cortisol. Ces hormones peuvent affecter le développement du cerveau de l'enfant, entraînant des changements dans l'amygdale, l'hippocampe et le cortex préfrontal, qui sont tous des domaines du cerveau impliqués dans le traitement des émotions, de la mémoire et des réponses au stress.

Les enfants qui subissent un traumatisme peuvent également être aux prises avec des symptômes tels que des cauchemars, des flashbacks et des pensées intrusives. Ils peuvent éviter les situations ou les déclencheurs qui leur rappellent l'événement traumatique et peuvent être facilement surpris ou avoir un sens accru de la vigilance. Ces symptômes peuvent avoir un impact sur leur fonctionnement quotidien et entraîner des difficultés à l'école, dans les relations sociales et dans le bien-être général.

Voici des exemples de traumatismes de l'enfance qui peuvent mener à un trouble de stress post-traumatique:

o *Violence physique ou sexuelle*
o *Être témoin de violence familiale ou d'autres formes de violence*
o *Négligence ou violence psychologique*
o *Traumatisme médical*
o *Catastrophes naturelles ou autres événements traumatisants*

Il est important que les parents reconnaissent les signes de traumatisme chez leurs enfants et cherchent un soutien et un traitement appropriés. Une intervention précoce peut aider à atténuer les effets d'un traumatisme et à réduire le risque de conséquences à long terme telles que le trouble de stress post-traumatique.

Chapitre 2: Reconnaître les symptômes traumatiques de votre enfant

En tant que parent, vous êtes constamment à l'affût du bien-être de votre enfant. Il est important de reconnaître qu'un traumatisme peut avoir un impact profond sur la santé émotionnelle et mentale de votre enfant. Il est naturel pour les enfants d'éprouver une gamme d'émotions, mais si vous remarquez des changements persistants et graves dans leur comportement ou leur humeur, cela pourrait être un signe de traumatisme. Votre enfant peut présenter des symptômes tels que l'irritabilité, la colère, l'anxiété, la dépression et la difficulté à dormir ou à se concentrer. Ils peuvent également éviter les choses qui leur rappellent l'événement traumatique ou devenir facilement surpris. Il est important de comprendre que le traumatisme peut se manifester de différentes façons et que chaque enfant réagit différemment. En étant conscient du comportement de votre enfant, vous pouvez prendre des mesures pour le soutenir et l'aider à guérir.

2.1. Les plaies cachées: symptômes courants des traumatismes de l'enfance chez les enfants

Les traumatismes de l'enfance peuvent avoir des blessures cachées qui peuvent ne pas être facilement reconnues ou remarquées par les parents. Il est important que les parents soient conscients des symptômes courants qui peuvent indiquer que leur enfant a subi un traumatisme.

Un symptôme courant est que l'enfant peut sembler distant ou déconnecté des autres comme s'il était dans un monde à part. Ils peuvent se retirer des activités qu'ils aimaient autrefois ou montrer un manque d'intérêt à socialiser avec leurs amis et leur famille. Par exemple, un enfant qui aime jouer au football peut soudainement perdre tout intérêt et ne plus vouloir participer.

Un autre symptôme est une anxiété ou une peur accrue. Les enfants qui ont subi un traumatisme peuvent devenir plus anxieux et inquiets au sujet des situations quotidiennes, comme aller à l'école ou être séparés de leurs parents. Ils peuvent également avoir des cauchemars ou des flashbacks liés à l'événement traumatique qu'ils ont vécu.

Les enfants qui ont subi un traumatisme peuvent également présenter un comportement régressif, comme l'énurésie nocturne ou la succion du pouce. Ils peuvent également devenir plus collants et avoir une anxiété de séparation. Ce comportement peut être un moyen pour l'enfant de faire face au traumatisme qu'il a vécu, en recherchant le réconfort et le réconfort de ses parents ou des soignants.

De plus, certains enfants peuvent devenir agressifs ou passer à l'acte à la suite de leur traumatisme. Ils peuvent avoir de la difficulté à contrôler leurs émotions et peuvent devenir facilement irritables ou en colère. Par exemple, un enfant qui a été témoin de violence familiale à la maison peut devenir agressif avec ses frères et sœurs ou ses pairs.

Il est important que les parents reconnaissent ces symptômes et demandent l'aide d'un professionnel s'ils soupçonnent que leur enfant a subi un traumatisme. Les traumatismes de l'enfance peuvent avoir un impact durable sur la santé mentale d'un enfant, mais avec un soutien et un traitement appropriés, les enfants peuvent apprendre à guérir et à aller de l'avant dans une direction positive.

2.2. Quand le traumatisme parle plus fort: Comment le traumatisme peut affecter les pensées, les sentiments et les comportements de votre enfant

Lorsque votre enfant a vécu un traumatisme, cela peut l'affecter d'une manière qui n'est pas toujours évidente. Les traumatismes peuvent s'infiltrer dans leurs pensées, leurs sentiments et leurs comportements, ce qui rend souvent difficile leur fonctionnement dans leur vie quotidienne. Par exemple, un enfant qui a été victime d'un accident de voiture peut avoir peur de remonter dans une voiture, ce qui conduit à éviter toute activité impliquant d'être dans une voiture. De même, un enfant qui a subi de la violence physique peut avoir de la difficulté à faire confiance aux autres et peut se déchaîner dans la colère comme moyen de se protéger.

Le traumatisme peut également affecter les pensées d'un enfant, conduisant à un discours intérieur négatif et à des croyances sur lui-même et le monde qui l'entoure. Ils peuvent avoir l'impression d'être à blâmer pour le traumatisme qu'ils ont vécu ou qu'ils ne sont pas dignes d'amour et de soins. Cela peut entraîner une faible estime de soi et des difficultés à nouer des relations saines.

En termes de comportements, le traumatisme peut se manifester de diverses manières. Un enfant peut présenter des signes hyper excitation, comme être facilement surpris ou avoir de la difficulté à dormir. Ils peuvent également adopter des comportements à risque, tels que la toxicomanie ou des activités dangereuses, pour faire face à leur traumatisme. D'autre part, certains enfants peuvent se retirer et s'isoler des autres comme moyen d'autoprotection.

Il est important de comprendre que ces comportements et symptômes ne reflètent pas le caractère ou la personnalité de votre enfant. Ils sont plutôt une réponse au traumatisme qu'ils ont vécu. Avec le soutien et les ressources appropriés, votre enfant peut apprendre à gérer ses symptômes et à aller de l'avant de manière saine et positive.

2.3. Flashbacks et déclencheurs: comprendre les déclencheurs et les flashbacks chez les enfants

Les déclencheurs et les flashbacks sont des symptômes courants de traumatisme qui peuvent avoir un impact significatif sur les enfants. Les déclencheurs sont des événements ou des situations qui rappellent à un enfant son expérience traumatisante et peuvent provoquer une gamme de réactions émotionnelles et physiques. Ces réactions peuvent inclure des attaques de panique, des flashbacks, des cauchemars, une peur intense ou même une douleur physique.

Les flashbacks, d'autre part, sont des souvenirs vifs et pénibles d'un événement traumatisant qui peuvent revenir à un enfant à tout moment. Ils peuvent être déclenchés par des images, des sons, des odeurs ou même des sentiments qui leur rappellent l'expérience traumatisante. Les flashbacks peuvent être incroyablement accablants et peuvent donner à un enfant l'impression de revivre l'événement traumatisant.

Il est important que les parents comprennent que les déclencheurs et les flashbacks ne sont pas des actions délibérées de leur enfant, mais plutôt des réponses involontaires à un traumatisme. Les parents peuvent soutenir leurs enfants en apprenant à reconnaître les déclencheurs de leur enfant et en les aidant à élaborer des stratégies d'adaptation pour gérer leurs réactions émotionnelles et physiques.

Par exemple, un enfant qui a vécu un accident de voiture peut être déclenché par le son d'un klaxon de voiture ou la vue d'un accident de voiture à la télévision. Ils peuvent vivre un flashback de l'accident et être submergés par la peur et l'anxiété. En conséquence, l'enfant peut éviter de monter dans une voiture ou refuser d'aller à l'école s'il doit passer le lieu de l'accident.

Dans un autre exemple, un enfant qui a subi de la violence physique peut être déclenché par quelqu'un qui élève la voix ou un certain ton de voix. Ils peuvent avoir un flashback de l'abus et devenir extrêmement anxieux ou craintifs. En conséquence, l'enfant peut avoir de la difficulté à communiquer efficacement ou avoir de la difficulté à faire confiance aux autres.

En comprenant les déclencheurs et les flashbacks, les parents peuvent aider leur enfant à se sentir entendu et validé, fournir un soutien pendant les périodes de détresse et aider leur enfant à développer des mécanismes d'adaptation sains pour gérer ces symptômes.

2.4 Entreprises
Symptômes de traumatisme

La feuille de travail « Symptômes de traumatisme » est un outil important pour les enfants qui souhaitent identifier et comprendre leurs propres symptômes de traumatisme. En reconnaissant et en nommant leurs symptômes, les enfants peuvent commencer à prendre le contrôle de leurs expériences et à développer des stratégies d'adaptation pour gérer leurs émotions. Ce faisant, les enfants peuvent commencer à comprendre comment leurs symptômes de traumatisme affectent leur vie quotidienne et leurs relations.

Mes symptômes de traumatisme

Instructions : Un traumatisme peut affecter les gens de différentes manières. Cette feuille de travail est conçue pour vous aider à identifier vos propres symptômes de traumatisme et comment ils vous affectent. Lisez chaque énoncé ci-dessous et encerclez le chiffre qui décrit le mieux la fréquence à laquelle vous ressentez ce symptôme. Ensuite, notez comment ce symptôme vous affecte dans votre vie quotidienne.

Je me sens anxieux ou inquiet même lorsqu'il n'y a pas de danger évident autour de moi.

(0) Jamais

(1) Parfois

(2) Souvent

(3) Presque toujours

Comment cela m'affecte :————————————————————

———————————————————————————————————

J'ai des cauchemars ou des flashbacks sur l'événement traumatisant.

(0) Jamais

(1) Parfois

(2) Souvent

(3) Presque toujours

Comment cela m'affecte :————————————————————

———————————————————————————————————

Je me sens en colère ou irritable sans raison apparente.

(0) Jamais
(1) Parfois
(2) Souvent
(3) Presque toujours
Comment cela m'affecte :_____

Je me sens triste ou sans espoir face à l'avenir.

(0) Jamais
(1) Parfois
(2) Souvent
(3) Presque toujours
Comment cela m'affecte :_____

Je me sens engourdi ou déconnecté de mes émotions.

(0) Jamais
(1) Parfois
(2) Souvent
(3) Presque toujours
Comment cela m'affecte :_____

J'ai du mal à dormir ou à rester endormi.

(0) Jamais
(1) Parfois
(2) Souvent
(3) Presque toujours
Comment cela m'affecte :_____

Je me sens hyper-vigilant ou nerveux comme si quelque chose de grave pouvait arriver.

(0) Jamais
(1) Parfois
(2) Souvent
(3) Presque toujours
Comment cela m'affecte :_____

J'ai des symptômes physiques comme des maux de tête, des maux d'estomac ou un cœur qui s'emballe.

(0) Jamais
(1) Parfois
(2) Souvent
(3) Presque toujours
Comment cela m'affecte :_____

J'évite certaines personnes, lieux ou activités parce qu'ils me rappellent l'événement traumatisant.

(0) Jamais
(1) Parfois
(2) Souvent
(3) Presque toujours
Comment cela m'affecte :_____

J'ai l'impression que je ne suis pas moi-même ou que quelque chose en moi a changé.

(0) Jamais
(1) Parfois
(2) Souvent
(3) Presque toujours
Comment cela m'affecte :_____

Réflexion: *Rétrospective de vos réponses. Quels modèles ou thèmes remarquez-vous? Comment ces symptômes vous affectent-ils dans votre vie quotidienne? Y a-t-il des symptômes pour lesquels vous pensez avoir besoin de plus d'aide? Parlez à un adulte ou à un conseiller de confiance pour obtenir du soutien pour votre cheminement de guérison.*

Mes déclencheurs et flashbacks

Pour les enfants qui ont subi un traumatisme, la feuille de travail « Mes déclencheurs et flashbacks » est un instrument crucial pour les aider à faire face à leurs expériences. Les traumatismes peuvent avoir un impact durable sur le bien-être mental d'un enfant, précipitant des symptômes débilitants comme l'anxiété, la dépression et le trouble de stress post-traumatique. L'un des aspects les plus difficiles du traumatisme est l'imprévisibilité des déclencheurs et des flashbacks, qui peuvent provoquer des réactions émotionnelles et physiques intenses. En utilisant la feuille de travail, les enfants peuvent apprendre à identifier leurs déclencheurs et à comprendre comment ils vivent les flashbacks. Cela peut les aider à se sentir plus en contrôle de leurs symptômes et à développer des stratégies d'adaptation pour le moment où ils sont déclenchés.

Déclencheurs

3 reconnaissants

je me sens...

Hors de contrôle

En colère

Bouleversé

Triste

Inquiet

Dépassé

Agacé

Calme

Content

HEBDOMADAIRE HUMEUR MÈTRE

Commencez par marquer votre humeur pour chaque jour de la semaine en utilisant les émotions suivantes : Par exemple, si vous sentez heureux le lundi, écrivez « M » à côté du mot « heureux » sur le Mood Meter.

Inspirez profondément pendant trois secondes,

Expirez pendant six secondes.

Répétez ce processus en inspirant pendant deux secondes et en expirant pendant quatre secondes.

Mise à la terre

Commencez par identifier cinq choses que vous pouvez voir autour de vous.

1._____
2._____
3._____
4._____
5._____

Ensuite, identifiez quatre formes que vous pouvez voir.

1._____
2._____
3._____
4._____

Après cela, concentrez-vous sur trois choses que vous pouvez toucher avec votre main.

1._____
2._____
3._____

Ensuite, écoutez deux sons que vous pouvez entendre.

1._____
2._____

Enfin, identifiez une émotion que vous ressentez.

1._____

Mes déclencheurs
et flashbacks

Instructions : Un traumatisme peut amener les gens à avoir de fortes réactions à certaines choses ou situations qui leur rappellent l'événement traumatisant. Cette feuille de travail est conçue pour vous aider à identifier vos déclencheurs et la manière dont vous vivez les flashbacks. Remplissez les blancs et discutez de vos réponses avec votre parent ou tuteur.

I. Quelles sont certaines choses ou situations qui déclenchent vos symptômes de traumatisme ? Exemples : bruits forts, certaines odeurs, être seul, endroits bondés, personnes ou lieux spécifiques, etc.

_____

_____

_____

_____

II. Comment savez-vous quand vous êtes déclenché? Quelles sensations physiques, émotions ou pensées ressentez-vous ? Exemples : accélération du rythme cardiaque, transpiration, anxiété ou peur, colère ou irritabilité, pensées ou souvenirs négatifs, etc.

_____

_____

_____

_____

_____

III. Comment faites-vous face lorsque vous êtes déclenché? Quelles stratégies vous aident à vous sentir mieux ou à vous calmer ? Exemples : respirer profondément, parler à quelqu'un, utiliser une balle anti-stress ou un jouet agité, écouter de la musique, se promener, etc.

_____

_____

_____

_____

IV. Avez-vous déjà vécu un flashback ? Comment était-ce? Comment vous êtes-vous senti pendant et après le flashback ?

_____

_____

_____

_____

V. Comment votre parent ou tuteur peut-il vous aider lorsque vous êtes déclenché ou que vous rencontrez un flashback ? De quoi avez-vous besoin d'eux pour vous sentir en sécurité et soutenu ?

_____

_____

_____

_____

VI. Discutez avec votre parent ou tuteur de vos déclencheurs et flashbacks. Comment pouvez-vous travailler ensemble pour gérer vos symptômes et vous sentir plus en contrôle ? Envisagez de demander l'aide d'un professionnel de la santé mentale si vos symptômes de traumatisme interfèrent avec votre vie quotidienne. Rappelez-vous que la guérison est possible et que vous n'êtes pas seul.

_____

_____

_____

_____

Stratégie efficace pour gérer les soucis : un guide étape par étape

1. Reconnaissez la préoccupation.

↓

2. Posez-vous la question : « Quel est le problème qui me cause de l'anxiété ? »

↓

3. Demandez, « Existe-t-il une solution viable pour résoudre ce problème ? »

↓ **Non**   ↓ **Oui**

Laisse l'inquiétude disparaître   **Pensez à un plan**

↓   ↓

Pense à autre chose   **Quoi, Quand, Comment ?**

↓ **Maintenant**   ↓ **Plus tard**

Fais-le   **Décidez 'quand'?**

↓   ↓

Laisse l'inquiétude disparaître   **Laisse l'inquiétude disparaître**

↓   ↓

Pense à autre chose   **Pense à autre chose**

Chapitre 3: Le rôle de la thérapie cognitivo-comportementale dans la guérison des traumatismes de l'enfance

La thérapie cognitivo-comportementale peut aider les enfants qui ont subi un traumatisme en identifiant et en remettant en question les schémas de pensée et les comportements négatifs qui peuvent causer de la détresse. Grâce à des séances de thérapie, les enfants peuvent acquérir des techniques d'adaptation, des techniques de relaxation et d'autres stratégies pour gérer leurs symptômes et améliorer leur bien-être général. La thérapie cognitivo-comportementale peut être un traitement efficace pour les conditions liées aux traumatismes telles que le trouble de stress post-traumatique, l'anxiété et la dépression.

3.1. Libérer le pouvoir de la thérapie cognitivo-comportementale: un guide complet

La thérapie cognitivo-comportementale est une approche dynamique et fondée sur des preuves qui cherche à s'attaquer de front aux pensées, aux émotions et aux comportements inadaptés. Il s'agit d'une intervention thérapeutique structurée et axée sur les objectifs qui a démontré une efficacité remarquable dans le traitement d'un large éventail de troubles de santé mentale, y compris les traumatismes infantiles.

La thérapie cognitivo-comportementale est centrée sur l'interaction complexe entre les pensées, les émotions et les comportements, et sur la façon dont ils peuvent s'influencer mutuellement. Le nœud du problème est que les pensées et les croyances négatives peuvent engendrer des émotions et des comportements négatifs. En perturbant ces schémas néfastes, la thérapie cognitivo-comportementale permet aux individus de cultiver des schémas de pensée positifs et de développer des mécanismes d'adaptation constructifs pour faire face à leurs expériences traumatisantes.

Voici quelques méthodes de thérapie cognitivo-comportementale qui peuvent être utiles pour faire face aux traumatismes de l'enfance:

- ✓ **La restructuration cognitive** consiste à identifier et à remettre en question les pensées et les croyances négatives qu'un individu peut avoir sur lui-même, les autres ou le monde. Avec les conseils du thérapeute, ils peuvent examiner les preuves qui soutiennent ou contredisent ces croyances et développer des façons de penser plus positives et réalistes.
- ✓ **La thérapie d'exposition** est un processus graduel qui expose une personne à des déclencheurs d'anxiété ou de peur dans un environnement contrôlé. Ce processus aide l'individu à faire face à ses peurs et à développer de nouvelles stratégies d'adaptation.
- ✓ **Les techniques de relaxation,** telles que la relaxation musculaire progressive, la visualisation et la respiration profonde sont essentielles pour gérer les niveaux d'anxiété et de stress. Ces techniques fournissent aux individus les outils dont ils ont besoin pour surmonter leurs expériences traumatisantes et avancer dans leur vie.

✓ **Activation comportementale**: Cette méthode consiste à identifier et à planifier des activités que l'individu apprécie et trouve gratifiantes. Cette approche peut conduire à une recrudescence des émotions positives et à une diminution des émotions négatives. La THÉRAPIE COGNITIVO-COMPORTEMENTALE peut être utile tant pour les enfants que pour les parents. Pour les enfants, la THÉRAPIE COGNITIVO-COMPORTEMENTALE peut leur fournir des outils et des stratégies pour gérer leurs pensées et leurs émotions liées aux traumatismes de l'enfance. En apprenant à identifier et à remettre en question les schémas de pensée négatifs, ils peuvent développer des moyens plus positifs de faire face à leurs expériences. Pour les parents, la THÉRAPIE COGNITIVO-COMPORTEMENTALE peut les aider à mieux comprendre les expériences de leur enfant et leur fournir des outils et des stratégies pour soutenir le rétablissement de leur enfant. En apprenant à reconnaître et à aborder les schémas négatifs de pensée et de comportement chez leur enfant, ils peuvent aider leur enfant à développer des moyens plus positifs de faire face à leurs expériences.

3.2. Le pouvoir guérisseur de la THÉRAPIE COGNITIVO-COMPORTEMENTALE: une méthode éprouvée pour surmonter les traumatismes de l'enfance

La thérapie cognitivo-comportementale, une approche qui se concentre sur la modification des schémas de pensée et des comportements négatifs, s'est avérée être un outil précieux dans le traitement des traumatismes de l'enfance chez les jeunes.

Voici quelques outils et stratégies de thérapie cognitivo-comportementale qui peuvent aider les personnes à gérer leurs croyances et leurs sentiments liés aux traumatismes de l'enfance. Ces outils et stratégies sont utilisés par les thérapeutes, mais les parents peuvent également faire un suivi avec ces activités.

✓ **Restructuration cognitive**: Un aspect important de cette approche thérapeutique est le processus de reconnaissance et de confrontation des pensées et des convictions pessimistes concernant soi-même, les autres et le monde. Par exemple, si une personne croit qu'elle est « indigne use » en raison de son traumatisme d'enfance, un thérapeute utilisant la restructuration cognitive peut l'encourager à examiner les preuves pour et contre cette croyance. En outre, cette technique peut aider les individus à cultiver des points de vue plus affirmatifs et pragmatiques sur eux-mêmes, comme « Je mérite l'amour et le respect, et je suis capable d'atteindre mes objectifs ».

La restructuration cognitive est un outil utile pour les enfants qui ont vécu un traumatisme dans l'enfance. Voici un exemple de la façon dont cela pourrait fonctionner:

Disons qu'un enfant qui a vécu un traumatisme croit que « rien de bon ne m'arrive jamais ». Cette croyance peut conduire à des sentiments de tristesse, de désespoir et de vulnérabilité, et peut même avoir un impact sur le comportement et les relations de l'enfant avec les autres. Un thérapeute utilisant la restructuration cognitive peut guider l'enfant à travers les étapes suivantes:

Identifiez la croyance négative: Le thérapeute peut demander à l'enfant de parler des pensées et des sentiments qu'il a quand il pense que « rien de bon ne m'arrive jamais ».

Remettez en question la croyance négative: Le thérapeute peut aider l'enfant à explorer les preuves pour et contre cette croyance. Ils pourraient poser des questions comme « Pouvez-vous penser à un moment où quelque chose de bien vous est arrivé? » ou « Pensez-vous qu'il est juste de dire qu'absolument rien de bon ne vous arrive jamais? »

Développer une croyance plus positive et réaliste: Le thérapeute peut travailler avec l'enfant pour développer une croyance plus positive et réaliste qu'il peut utiliser à la place de la croyance négative. Par exemple, ils pourraient aider l'enfant à trouver une déclaration comme « Parfois, les choses ne se passent pas comme je le voudrais, mais de bonnes choses m'arrivent parfois. »

Pratiquez la nouvelle croyance: Le thérapeute peut encourager l'enfant à pratiquer en utilisant la nouvelle croyance dans des situations quotidiennes. Par exemple, ils pourraient demander à l'enfant de se répéter la nouvelle croyance lorsqu'il commence à se sentir triste ou désespéré.

✓ **Arrêt de la pensée**: Cet outil consiste à interrompre les pensées négatives ou intrusives en disant « stop » ou en visualisant un panneau d'arrêt. L'individu remplace alors la pensée négative par une pensée positive. Par exemple, si une personne éprouve des pensées intrusives liées à son traumatisme, elle peut dire « arrêtez » et remplacez la pensée par une affirmation positive telle que « Je suis en sécurité et en contrôle ».

L'arrêt de la pensée est une technique utile pour les enfants qui peuvent éprouver des pensées intrusives ou négatives liées à leur traumatisme d'enfance. Voici un exemple de la façon dont cela pourrait fonctionner:

Disons qu'un enfant qui a vécu un traumatisme a une pensée que « je ne suis pas en sécurité » chaque fois qu'il entend un bruit fort. Cette pensée peut conduire à des sentiments d'anxiété, de peur et d'impuissance. Un thérapeute utilisant l'arrêt de la pensée peut guider l'enfant à travers les étapes suivantes:

__Identifiez la pensée négative:__ Le thérapeute peut demander à l'enfant de parler des pensées et des sentiments qu'il a lorsqu'il entend un bruit fort.

__Présentez la technique d'arrêt de la pensée:__ Le thérapeute peut expliquer à l'enfant qu'il peut utiliser une technique appelée arrêt de la pensée pour interrompre la pensée négative.

__Pratiquez la technique:__ Le thérapeute peut demander à l'enfant d'imaginer entendre un bruit fort, puis dire « arrêtez » à haute voix ou visualiser un panneau d'arrêt. L'enfant peut alors remplacer la pensée négative par une pensée positive, telle que « Je suis en sécurité ».

__Renforcez la technique:__ Le thérapeute peut encourager l'enfant à pratiquer en utilisant la technique d'arrêt de la pensée dans des situations quotidiennes. Par exemple, ils peuvent demander à l'enfant d'utiliser la technique chaque fois qu'il entend un bruit fort à la maison ou à l'école.

En utilisant des techniques d'arrêt de la pensée, les enfants peuvent acquérir la capacité de perturber les schémas de pensée négatifs et de les remplacer par des schémas de pensée plus constructifs et optimistes. Cela peut les aider à se sentir plus en contrôle et à réduire les sentiments d'anxiété, de peur et d'impuissance. Il est important de noter que l'arrêt de la pensée doit être guidé par un thérapeute qualifié qui peut aider l'enfant à pratiquer la technique dans un environnement sûr et favorable.

✓ **Techniques d'ancrage**: Ces techniques consistent à se concentrer sur le moment présent pour gérer les sentiments d'anxiété ou de dissociation. Par exemple, une personne peut se concentrer sur son environnement, décrivant ce qu'elle voit, entend, sent et ressent dans le moment. Ils peuvent également utiliser des techniques de pleine conscience telles que la respiration profonde pour les aider à rester présents.

Les techniques de mise à la terre sont utiles pour les enfants qui peuvent se sentir dépassés ou dissociés en raison de leur traumatisme d'enfance. Voici un exemple de la façon dont cela pourrait fonctionner:

Disons qu'un enfant qui a vécu un traumatisme se sent dépassé et déconnecté de son environnement. Un thérapeute utilisant des techniques de mise à la terre peut guider l'enfant à travers les étapes suivantes:

__Identifiez le sentiment:__ Le thérapeute peut demander à l'enfant de décrire les sensations qu'il ressent dans son corps et comment il se sent émotionnellement.

Présentez la technique de mise à la terre: Le thérapeute peut expliquer à l'enfant qu'il peut utiliser une technique appelée mise à la terre pour l'aider à se sentir plus connecté à son environnement.

Pratiquez la technique: Le thérapeute peut demander à l'enfant de se concentrer sur ses cinq sens, comme regarder autour de la pièce et décrire ce qu'il voit, écouter les sons dans la pièce et décrire ce qu'il entend, ou tenir un objet et décrire ce qu'il ressent. L'enfant peut également se concentrer sur sa respiration, en prenant de profondes respirations et en comptant jusqu'à cinq à chaque inspiration et expiration.

Renforcez la technique: Le thérapeute peut encourager l'enfant à pratiquer l'utilisation de la technique de mise à la terre dans des situations quotidiennes. Par exemple, ils pourraient demander à l'enfant d'utiliser la technique lorsqu'il commence à se sentir dépassé à l'école ou à la maison.

Grâce à des techniques d'ancrage, les enfants peuvent apprendre à se connecter avec leur environnement et à se sentir plus en contrôle de leurs pensées et de leurs émotions. Cela peut les aider à se sentir plus présents et à réduire les sentiments de dissociation ou d'accablement. Il est important de noter que les techniques de mise à la terre doivent être guidées par un thérapeute qualifié qui peut aider l'enfant à pratiquer la technique dans un environnement sûr et favorable.

✓ **Thérapie de répétition par imagerie**: Cet outil implique l'utilisation de techniques de visualisation pour répéter des expériences positives ou des stratégies d'adaptation. Par exemple, une personne peut se visualiser en train de gérer avec succès une situation déclenchant ou de se sentir confiante et autonome.

La thérapie de répétition par imagerie est une technique couramment utilisée pour aider les enfants qui ont subi un traumatisme dans leur enfance à surmonter des cauchemars ou des rêves perturbateurs. Voici un exemple de la façon dont cela pourrait fonctionner:

Identifiez le rêve problématique: Le thérapeute peut demander à l'enfant de décrire le cauchemar ou le rêve troublant qu'il a vécu. Ils peuvent également demander à l'enfant de décrire ce qu'il ressent pendant et après le rêve.

Créez un nouveau rêve positif: Le thérapeute travaillera avec l'enfant pour créer un nouveau rêve qui remplace l'ancien rêve négatif. Le nouveau rêve doit être positif, responsabilisant et devrait aider l'enfant à se sentir en sécurité et en contrôle.

Pratiquez le nouveau rêve: L'enfant sera encouragé à pratiquer le nouveau rêve plusieurs fois par jour, en utilisant des images vives et un discours intérieur positif. Le thérapeute peut également utiliser des techniques de relaxation, telles que la relaxation musculaire progressive ou la respiration profonde pour aider l'enfant à se détendre et à se sentir à l'aise pendant qu'il pratique le nouveau rêve.

Renforcez le nouveau rêve: Le thérapeute encouragera l'enfant à continuer à pratiquer le nouveau rêve et pourra également lui demander de tenir un journal de rêve pour suivre ses progrès. Au fil du temps, le nouveau rêve remplacera l'ancien rêve négatif et l'enfant éprouvera moins de cauchemars ou de rêves perturbateurs.

Grâce à la thérapie de répétition par imagerie, les enfants peuvent apprendre à reprogrammer leurs pensées et leurs sentiments liés à des expériences traumatisantes et à les remplacer par des pensées et des sentiments positifs et stimulants. Il est important de noter que thérapie de répétition par imagerie devrait être guidée par un thérapeute qualifié qui peut aider l'enfant à créer et à pratiquer le nouveau rêve dans un environnement sûr et favorable.

Activation comportementale: Cet outil implique la planification et l'engagement dans des activités agréables comme un moyen d'augmenter les émotions positives et de réduire les négatives. Par exemple, une personne peut prévoir du temps pour s'adonner à des passe-temps, passer du temps avec ses proches ou faire de l'exercice physique.

L'activation comportementale est une technique qui peut être utilisée pour aider les enfants qui ont vécu un traumatisme infantile à surmonter la dépression ou d'autres émotions négatives. Voici un exemple de la façon dont cela pourrait fonctionner:

Identifier les activités préférées de l'enfant: Le thérapeute travaillera avec l'enfant pour identifier les activités que l'enfant aime et trouve significatives. Ceux-ci peuvent inclure des passe-temps, des sports, des activités sociales ou d'autres formes de loisirs.

Planifiez des activités régulières: Le thérapeute aidera l'enfant à planifier ces activités sur une base régulière, par exemple une fois par semaine ou tous les deux jours. Cela aidera l'enfant à construire un sens de la structure et de la routine dans sa vie.

Surveiller les progrès: Le thérapeute encouragera l'enfant à suivre ses progrès dans la réalisation des activités prévues. Cela aidera l'enfant à voir comment ses efforts font une différence positive dans sa vie.

Renforcer le comportement positif: *Le thérapeute fournira un renforcement positif à l'enfant pour avoir terminé les activités prévues, telles que des éloges ou des récompenses. Cela aidera l'enfant à se sentir motivé et encouragé à poursuivre le programme d'activation comportementale.*

Grâce à l'activation comportementale, les enfants peuvent apprendre à s'engager dans des activités positives qui favorisent un sentiment de bien-être et aident à réduire les émotions négatives telles que la dépression, l'anxiété ou l'impuissance. Il est important de noter que l'activation comportementale doit être guidée par un thérapeute qualifié qui peut aider l'enfant à planifier et à terminer des activités dans un environnement sûr et favorable.

Ce ne sont là que quelques exemples des outils et des stratégies que la thérapie cognitivo-comportementale peut offrir pour gérer les pensées et les émotions liées aux traumatismes de l'enfance. Il est essentiel de noter que le choix des outils et des approches utilisés en thérapie peut différer selon les besoins et les expériences particuliers de la personne. De plus, il est conseillé de mener de telles interventions sous la supervision d'un thérapeute compétent.

Aider les enfants à comprendre leurs pensées, leurs sentiments et leurs actions : utiliser le modèle Thérapie comportementale cognitive

Que s'est-il passé ou s'est-il passé ?

A quoi pensais-tu à ce moment-là ?

Qu'avez-vous ressenti ?

Quelles sensations physiques éprouviez-vous ?

Quelles actions avez-vous prises ou comment vous êtes-vous comporté face à la situation ?

3.3. L'ABC de la guérison: comment le modèle ABC de la thérapie cognitivo-comportementale aide votre enfant à identifier et à modifier les schémas de pensée négatifs

Le modèle ABC de la thérapie cognitivo-comportementale est un outil puissant pour aider les enfants à identifier et à modifier les schémas de pensée négatifs. Voici une ventilation de son fonctionnement:

A - Événement d'activation: L'événement d'activation est le déclencheur qui déclenche une réaction en chaîne de pensées, de sentiments et de comportements négatifs. Par exemple, un enfant peut rencontrer un événement d'activation lorsqu'il est taquiné par un camarade de classe.

B - Croyances: Les croyances sont les pensées négatives qui surgissent en réponse à l'événement activateur. Ces pensées sont souvent automatiques et peuvent être irrationnelles ou inutiles. Par exemple, l'enfant pourrait croire « Je ne vaux rien » ou « Personne ne m'aime ».

C - Conséquences: Les conséquences sont les réactions émotionnelles et comportementales qui découlent des points de vue. Par exemple, l'enfant peut se sentir triste, anxieux ou en colère et peut se retirer de situations sociales ou s'en prendre aux autres.

La thérapie cognitivo-comportementale aide les enfants à identifier et à remettre en question leurs croyances négatives, ce qui entraîne des conséquences plus positives. Voici quelques exemples de la façon dont cela pourrait fonctionner:

- o **Remettez en question les croyances négatives**: Si un enfant croit « je ne vaux rien », un thérapeute peut l'aider à explorer les preuves pour et contre cette croyance. Ils peuvent demander à l'enfant de penser à des moments où il s'est senti fier de lui-même ou où les autres lui ont montré de la gentillesse, l'aidant à construire une vision plus équilibrée et réaliste de lui-même.
- o **Remplacer les pensées négatives**: Une fois qu'un enfant a identifié un schéma de pensée négatif, un thérapeute peut l'aider à trouver des pensées plus positives et utiles pour le remplacer. Par exemple, au lieu de penser: « Personne ne m'aime », un enfant pourrait apprendre à recadrer ses pensées comme suit: « Certaines personnes ne m'aiment pas, mais il y a beaucoup de gens qui m'aiment ».
- o **Expériences comportementales**: la thérapie cognitivo-comportementale encourage également les enfants à tester leurs croyances négatives dans le monde réel. Par exemple, un enfant qui croit « je ne peux rien faire de bien » pourrait être invité à essayer une nouvelle activité et à voir comment cela se passe. S'ils réussissent, cela peut les aider à remettre en question leurs croyances négatives et à renforcer leur confiance.

En utilisant le modèle ABC et d'autres techniques de thérapie cognitivo-comportementale, les thérapeutes peuvent aider les enfants à surmonter leurs schémas de pensée négatifs et à élaborer des stratégies d'adaptation plus positives.

3.4. Entreprises

Mon ABC

La feuille de travail « Mon ABC » peut aider les enfants en fournissant une approche structurée et organisée pour identifier et comprendre leurs pensées, leurs sentiments et leurs comportements en réponse à une situation déclenchant. En décomposant la situation en ses différentes composantes (l'événement activateur, les croyances et les conséquences), les enfants peuvent mieux comprendre leurs propres schémas de pensée et comment ces modèles peuvent contribuer à leurs sentiments et comportements négatifs. Avec cette compréhension, les enfants peuvent alors travailler à changer leurs schémas de pensée négatifs et à développer des stratégies d'adaptation plus positives.

Mon ABC

Instructions : Le modèle ABC est un outil qui peut vous aider à comprendre comment vos pensées, vos sentiments et vos comportements sont liés. Utilisez cette feuille de travail pour vous exercer à utiliser le modèle ABC afin d'identifier vos propres pensées, sentiments et comportements en réponse à une situation déclenchante. Remplissez les blancs et réfléchissez à la manière dont vous pouvez utiliser ces informations pour gérer vos émotions.

A = Activating Event : Qu'est-il arrivé pour déclencher vos émotions ?

B = Croyances : Quelles pensées ou croyances avez-vous à propos de l'événement déclencheur ?

C = Conséquences : Quels sont les sentiments et les comportements qui résultent de vos pensées et croyances ?

Exemple:

A = Événement déclencheur : J'ai obtenu une mauvaise note à mon test de mathématiques.

B = Croyances : Je ne serai jamais bon en maths. Mon professeur pense probablement que je suis stupide.

C = Conséquences : Je me sens triste et déçu de moi-même. Je ne veux pas faire mes devoirs et je ne veux pas aller en cours de maths.

Maintenant c'est ton tour:

A = Événement d'activation :

_____

B = Croyances:

_____

C = Conséquences :

_____

Réflexion: Comment l'utilisation du modèle ABC vous a-t-elle aidé à comprendre vos pensées, vos sentiments et vos comportements? Que pouvez-vous faire pour remettre en question les pensées ou les croyances négatives et en changer les conséquences? Rappelez-vous qu'il est normal de faire des erreurs ou d'avoir des émotions difficiles et que vous pouvez toujours demander l'aide d'un adulte de confiance ou d'un professionnel de la santé mentale si vous en avez besoin.

Remplacer les pensées négatives

La feuille de travail « Remplacer les pensées négatives » est un outil précieux pour aider les enfants à reconnaître leurs pensées pessimistes et à les remplacer par des pensées plus constructives et pragmatiques. Cette feuille de travail fournit aux enfants des techniques pratiques pour changer leurs schémas de pensée et promouvoir la pensée positive.

Remplacer les pensées négatives

Instructions pour les parents : Les pensées négatives peuvent être difficiles à gérer pour les enfants et peuvent avoir un impact sur leurs émotions et leur comportement. Cette feuille de travail peut aider votre enfant à s'entraîner à identifier et à remplacer les pensées négatives par des pensées plus positives et réalistes. Utilisez cette feuille de travail avec votre enfant et guidez-le à travers les étapes.

Identifiez la pensée négative : demandez à votre enfant d'identifier une pensée négative qu'il a

avoir récemment.

Pensées négatives identifiées par l'enfant :

_____

_____

_____

_____

Défiez la pensée négative : Demandez à votre enfant si la pensée négative est vraie ou utile. Demandez-leur de réfléchir à des preuves qui appuient ou contredisent la pensée négative.

Questions aux parents pour guider leur enfant:

- La pensée négative est-elle vraie ?

- Est-ce utile ?

- Quelles preuves avez-vous pour soutenir ou contredire la pensée négative ?

- Preuve identifiée par un enfant :

_____

_____

_____

_____

_____

Remplacez la pensée négative : Aidez votre enfant à trouver une pensée plus positive et réaliste pour remplacer la pensée négative.

Questions aux parents pour guider leur enfant:

- Quelle serait une pensée plus positive et réaliste pour remplacer la négative ?

- Comment pouvez-vous recadrer la situation sous un jour plus positif ?

- Pensées positives identifiées par un enfant:

_____

_____

_____

_____

_____

Pratiquez la pensée positive : encouragez votre enfant à se répéter la pensée positive, à l'écrire ou à la visualiser dans son esprit. Demandez-leur ce qu'ils ressentent.

Questions aux parents pour guider leur enfant:

- Comment pratiquer la pensée positive ?

- Comment la pensée positive vous fait-elle sentir?

- Pratique et sensations décrites par un enfant:

_____

_____

_____

_____

_____

Réflexion: Parlez à votre enfant de la façon dont le remplacement des pensées négatives par des pensées positives peut l'aider à se sentir mieux et à gérer ses émotions. Encouragez-les à continuer d'utiliser cette feuille de travail pour identifier et remplacer les pensées négatives. N'oubliez pas d'offrir du soutien et d'aider votre enfant à demander de l'aide professionnelle si nécessaire.

Chapitre 4: Aider votre enfant à remettre en question ses pensées et ses croyances négatives

La thérapie cognitivo-comportementale est une approche fondée sur des preuves qui aide les individus à faire face aux schémas de pensée et aux croyances négatifs qui peuvent entraver leur bien-être émotionnel ou provoquer des comportements négatifs. L'objectif de la thérapie cognitivo-comportementale est de doter les individus des compétences et des outils nécessaires pour remettre en question et remplacer les pensées négatives par des pensées positives et réalistes, les aidant ainsi à mener une vie plus épanouissante.

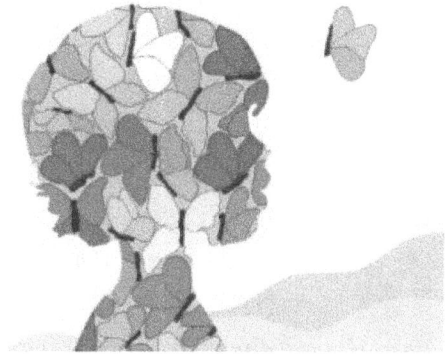

4.1. Découvrir les racines des pensées et des croyances négatives chez votre enfant

Découvrir les racines des pensées et des croyances négatives chez votre enfant est une étape essentielle pour l'aider à les remettre en question et à les surmonter.

Voici quelques points pour aider à expliquer comment les parents peuvent découvrir les racines des pensées et des croyances négatives chez leurs enfants:

> o *Faites attention au comportement de votre enfant: Des pensées et des croyances négatives peuvent se manifester dans le comportement d'un enfant. Si votre enfant est*

fréquemment bouleversé ou anxieux, cela peut être une indication de pensées ou de croyances négatives sous-jacentes.

o **Écoutez votre enfant:** Encouragez-le à exprimer ses pensées et ses sentiments. Écoutez attentivement et avec empathie sans jugement, critique ou interruption. Faites en sorte qu'ils se sentent à l'aise et en sécurité.

o **Observez leur style de communication:** Remarquez comment votre enfant communique avec les autres, y compris le ton de la voix et le langage corporel. Cela peut être une indication de ce qu'ils ressentent par rapport à eux-mêmes et à leurs croyances.

o **Recherchez des modèles:** Des pensées et des croyances négatives peuvent se développer à partir d'événements ou de situations spécifiques. Observez le comportement et les pensées de votre enfant dans différents scénarios pour identifier les modèles ou les déclencheurs.

o **Identifiez toutes les expériences traumatisantes passées:** Les traumatismes de l'enfance peuvent conduire à des pensées et des croyances négatives. Si votre enfant a vécu des événements traumatisants, cela peut avoir un impact sur ses pensées et ses croyances. Demandez l'aide d'un professionnel si nécessaire.

o **Tenez compte de la dynamique familiale**: Les pensées et les croyances négatives peuvent également découler de la dynamique familiale. S'il y a des conflits ou des problèmes au sein de la famille, ils peuvent avoir un impact sur l'estime de soi et les croyances d'un enfant sur lui-même.

4.2. Soupeser les preuves: remettre en question les pensées et les croyances négatives à l'aide de faits

Peser les preuves implique d'examiner les pensées et les croyances négatives et de les remettre en question avec des preuves factuelles. Le processus de transformation de la thérapie cognitivo-comportementale peut permettre aux enfants de développer une perspective plus optimiste et affirmative sur eux-mêmes et leur environnement. Voici quelques exemples de la façon dont les parents peuvent aider leurs enfants à remettre en question les pensées et les croyances négatives avec des faits:

Pensée négative: « *Je suis un échec parce que je n'ai pas obtenu de A à mon test.* »

Remettre en question les faits: Encouragez votre enfant à examiner les données probantes de manière objective. Ont-ils étudié dur pour le test? Ont-ils fait de leur mieux? S'ils peuvent répondre oui à ces questions, alors obtenir un B ou un C ne fait pas d'eux un échec

Pensée négative: « *Personne ne m'aime.* »

Défier avec les faits: Demandez à votre enfant d'identifier les personnes dans sa vie qui lui ont montré de la gentillesse ou de l'amitié. Encouragez-les à réfléchir aux interactions positives qu'ils ont eues avec les autres et rappelez-leur qu'une expérience négative ne définit pas leur valeur ou leur sympathie.

Pensée négative: « Je ne serai jamais bon à quoi que ce soit. »

Remettre en question avec les faits: Aidez votre enfant à identifier les domaines dans lesquels il a montré une amélioration ou du succès dans le passé. Encouragez-les à se fixer de petits objectifs réalisables et à travailler pour les atteindre. Cela les aidera à renforcer leur confiance et à reconnaître leurs capacités.

En remettant en question les pensées et les croyances négatives avec des faits, les enfants peuvent commencer à voir les situations et eux-mêmes sous un jour plus positif.

4.3. Responsabiliser votre enfant: techniques pour remplacer les pensées négatives par des pensées positives

Une étape cruciale pour aider les enfants à surmonter les croyances négatives qui peuvent avoir résulté d'un traumatisme de l'enfance est de leur donner les moyens de remplacer les pensées négatives par des pensées positives. Voici quelques techniques que les parents peuvent utiliser pour aider leur enfant:

○ *Affirmations positives: Encouragez votre enfant à créer une liste de déclarations positives sur lui-même, telles que « Je suis fort » ou « Je suis capable ». Ces affirmations peuvent être répétées quotidiennement pour renforcer les croyances positives.*

○ *Pratique de la gratitude: Aidez votre enfant à se concentrer sur les aspects positifs de sa vie en pratiquant la gratitude. Encouragez-les à énumérer les choses pour* lesquelles ils sont reconnaissants chaque jour, comme un bon ami ou une activité amusante à laquelle ils ont participé.

- o **Visualisation:** Encouragez votre enfant à visualiser les résultats positifs de situations qui ont déjà déclenché des pensées négatives. Par exemple, si votre enfant devient anxieux avant un test, demandez-lui de se visualiser en se sentant calme et confiant pendant le test.

- o **Restructuration cognitive:** Aidez votre enfant à recadrer ses pensées négatives en l'encourageant à rechercher des preuves qui contredisent ses croyances négatives. Par exemple, s'ils croient qu'ils sont « stupides », demandez-leur de citer des exemples de fois où ils ont réussi sur le plan scolaire ou dans d'autres domaines.

- o **Jeux de rôle:** Pratiquez des situations avec votre enfant où il peut remplacer les pensées négatives par des pensées positives. Par exemple, si votre enfant devient nerveux avant une présentation, demandez-lui de s'entraîner à penser à des pensées positives, telles que « Je suis bien préparé » ou « Je suis un bon orateur »

En pratiquant ces techniques régulièrement, les parents peuvent aider leur enfant à remplacer les pensées négatives par des pensées positives; renforcer leur estime de soi et les aider à surmonter les croyances négatives qui ont pu se développer en raison d'un traumatisme de l'enfance.

4.4. Entreprises

Preuves pour et contre

La feuille de travail « Preuves pour et contre » est un outil puissant qui permet aux enfants de remettre en question et de surmonter leurs pensées et croyances négatives. Avec une façon structurée d'évaluer leurs pensées, les enfants peuvent identifier objectivement les preuves qui soutiennent ou sapent leurs croyances négatives. Ce faisant, ils peuvent les remplacer par des éléments positifs et précis, développant ainsi un état d'esprit résilient capable de résister aux effets des traumatismes de l'enfance. Cette feuille de travail permet aux enfants de prendre le contrôle de leurs pensées et de leurs émotions, ce qui les aide à devenir des individus plus forts et plus confiants.

Preuve pour et contre

Instructions pour les parents : Les pensées et les croyances négatives peuvent être difficiles à gérer pour les enfants et peuvent avoir un impact sur leurs émotions et leur comportement. Cette feuille de travail peut aider votre enfant à s'entraîner à identifier les preuves pour et contre les pensées et croyances négatives qu'il peut avoir sur lui-même, sur les autres ou sur le monde. Utilisez cette feuille de travail avec votre enfant et guidez-le à travers les étapes.

Identifiez la pensée ou la croyance négative : demandez à votre enfant d'identifier une pensée ou une croyance négative qu'il pourrait avoir sur lui-même, sur les autres ou sur le monde.

Pensée/croyance négative identifiée par un enfant :

_____

_____

_____

Énumérez les preuves de la pensée/croyance négative : Demandez à votre enfant de penser à des preuves qui

soutient la pensée ou la croyance négative.

Questions aux parents pour guider leur enfant:

- Quelles preuves avez-vous pour soutenir la pensée ou la croyance négative ?

- Avez-vous vécu des situations qui confirment des pensées ou des croyances négatives ?

- Preuve de la pensée/croyance négative identifiée par l'enfant: _____

_____

_____

Énumérez les preuves contre la pensée/croyance négative : Demandez à votre enfant de penser à des preuves qui contredisent la pensée ou la croyance négative.

Questions aux parents pour guider leur enfant:

- Existe-t-il des preuves qui contredisent la pensée ou la croyance négative ?

- Avez-vous vécu des situations qui contredisent la pensée ou la croyance négative ?

- Preuve contre la pensée/croyance négative identifiée par un enfant:

_____

_____

_____

Évaluez les preuves : demandez à votre enfant d'évaluer les preuves pour et contre la pensée ou la croyance négative.

Questions aux parents pour guider leur enfant :

- Quelle preuve est la plus forte ?

- La preuve soutient-elle ou contredit-elle la pensée ou la croyance négative ?

- Évaluation des preuves par un enfant:

_____

_____

Remplacez la pensée/croyance négative : Aidez votre enfant à trouver une pensée ou une croyance plus positive et réaliste pour remplacer la pensée ou la croyance négative.

Questions aux parents pour guider leur enfant :

- Quelle serait une pensée ou une croyance plus positive et réaliste pour remplacer la négative ?

- Comment pouvez-vous recadrer la situation sous un jour plus positif ?

- Pensée/croyance positive identifiée par un enfant :

_____

_____

Pratiquez la pensée/croyance positive : encouragez votre enfant à se répéter la pensée/croyance positive, à l'écrire ou à la visualiser dans son esprit. Demandez-leur ce qu'ils ressentent.

Questions aux parents pour guider leur enfant :

- Comment pouvez-vous pratiquer la pensée/croyance positive ?

- Comment la pensée/croyance positive vous fait-elle ressentir ?

- Pratique et sensations décrites par l'enfant :

_____

_____

Réflexion: Responsabilisez votre enfant en discutant de la façon dont l'identification des preuves pour et contre les pensées négatives peut l'aider à voir les situations de manière plus objective. Encouragez-les à continuer d'utiliser cette feuille de travail pour remettre en question les pensées et les croyances négatives. N'oubliez pas d'offrir votre soutien indéfectible et d'aider votre enfant à demander de l'aide professionnelle si nécessaire.

Affirmations positives

La feuille de travail « Affirmations positives » peut aider les enfants à créer des déclarations qui remettent en question leurs pensées et croyances négatives. En remplaçant le discours intérieur négatif par des affirmations positives, les enfants peuvent améliorer leur estime de soi et leur confiance. Cette feuille de travail encourage les enfants à réfléchir à leurs qualités positives et à créer des énoncés qui les reflètent. Des exemples d'affirmations positives peuvent inclure « Je suis capable », « Je suis fort » ou « Je suis digne d'amour et de respect ». En répétant ces affirmations positives, les enfants peuvent remplacer les pensées négatives par des pensées positives et se sentir plus autonomes et confiants en eux-mêmes.

Affirmations positives

Instructions : Dans l'espace prévu à cet effet, écrivez des affirmations positives qui remettent en question les pensées et les croyances négatives que vous pourriez avoir sur vous-même. Essayez de rendre ces affirmations spécifiques et significatives pour vous.

1. _____

2. _____

3. _____

4. _____

5. _____

6. _____

7. _____

8. _____

9. _____

10. _____

Aidons vos enfants à relier leurs pensées, leurs sentiments et leurs actions grâce à cette activité.

Bonus: *Choisissez une ou deux affirmations dans votre liste et répétez-les à vous-même chaque jour pendant une semaine. Remarquez ce que vous ressentez et tout changement dans vos pensées ou vos comportements.*

CARTOGRAPHIER VOS PENSÉES, SENTIMENTS ET ACTIONS

Pas:

Identifiez les déclencheurs qui provoquent une certaine réaction en vous.

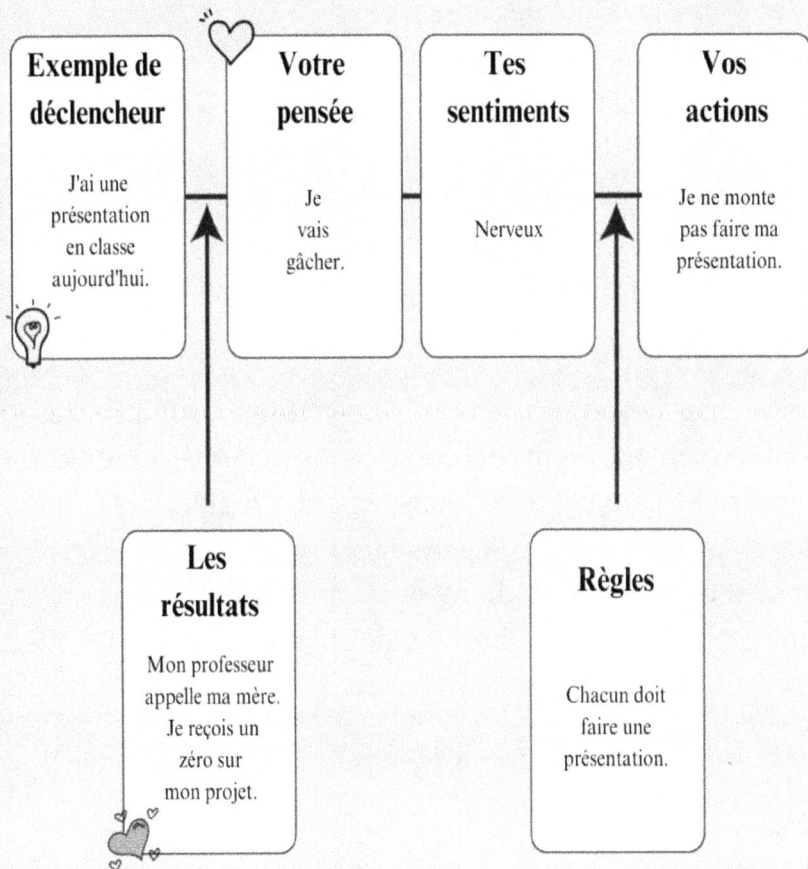

Exemple de déclencheur	Votre pensée	Tes sentiments	Vos actions
J'ai une présentation en classe aujourd'hui.	Je vais gâcher.	Nerveux	Je ne monte pas faire ma présentation.

Les résultats

Mon professeur appelle ma mère. Je reçois un zéro sur mon projet.

Règles

Chacun doit faire une présentation.

Chapitre 5: Soutenir les stratégies d'adaptation de votre enfant pour gérer les symptômes de traumatisme

Soutenir les stratégies d'adaptation de votre enfant pour gérer les symptômes de traumatisme implique de fournir un environnement sûr et stimulant, d'aider votre enfant à identifier et à exprimer ses sentiments, de lui enseigner des techniques de relaxation et d'encourager des mécanismes d'adaptation sains tels que l'exercice et les débouchés créatifs. Collaborer avec le fournisseur de soins de santé de votre enfant pour créer un plan de traitement personnalisé qui répond à ses besoins spécifiques est crucial.

5.1. Exercices de respiration

Les exercices de respiration peuvent être un outil efficace pour aider votre enfant à faire face aux symptômes du traumatisme. Ces exercices peuvent aider votre enfant à réguler ses émotions, à diminuer son anxiété et à gérer son niveau de stress. Quelques exemples de techniques de respiration facile sont la respiration profonde, la respiration abdominale et la respiration en boîte.

La respiration profonde consiste à inspirer par le nez, à remplir les poumons d'air et à expirer lentement par la bouche pour vider complètement les poumons.

La respiration abdominale consiste à placer une main sur la poitrine et l'autre sur le ventre, à inspirer profondément par le nez *tout en sentant le ventre monter, puis à expirer lentement par la bouche tout en sentant le ventre tomber.*

Box Respiration *où les individus inspirent lentement pendant quatre fois, retiennent leur souffle pendant quatre fois, expirent lentement pendant quatre fois et retiennent leur souffle pendant quatre fois avant de recommencer le cycle.*

Vous pouvez motiver votre enfant à pratiquer ces exercices de respiration dans un environnement paisible et calme à la maison et les intégrer à sa routine quotidienne. Vous pouvez également leur suggérer d'utiliser ces exercices lorsqu'ils se sentent dépassés ou anxieux ou avant de participer à des activités qui peuvent déclencher leurs symptômes de traumatisme. En enseignant à votre enfant ces stratégies d'adaptation et en lui donnant les ressources nécessaires pour gérer ses symptômes de traumatisme, vous pouvez l'aider à se sentir plus en contrôle de ses émotions et à améliorer son bien-être général.

5.2. Pratiques de pleine conscience

Les pratiques de pleine conscience peuvent être une approche utile pour aider les enfants à faire face aux symptômes de traumatisme. Pratiquer la pleine conscience implique d'être pleinement présent dans le moment présent sans aucun jugement ni distraction, ce qui peut aider les enfants à augmenter leur conscience de soi et à réguler efficacement leurs pensées et leurs émotions, les empêchant ainsi de se sentir submergés.

Diverses techniques peuvent être utilisées pour encourager la pleine conscience chez les enfants, y compris les scans corporels, la respiration consciente, le mouvement conscient, l'alimentation consciente, la méditation guidée et l'art-thérapie. Un scanner corporel consiste à se concentrer sur chaque partie du corps pour identifier les sensations physiques ou les tensions, ce qui aide à libérer le stress et à favoriser la relaxation. La respiration consciente consiste à prendre des respirations lentes et profondes, en se concentrant sur la sensation de respiration pour calmer le système nerveux et réduire l'anxiété.

Le mouvement conscient, comme le yoga ou le tai -chi, est une forme douce d'exercice qui encourage les enfants à être plus conscients de leur corps et à relâcher les tensions. S'engager dans une alimentation consciente exige qu'un individu se concentre sur le moment présent, y compris les détails sensoriels de la nourriture consommée, tels que son goût, sa texture et son arôme. Cette pratique a le potentiel d'induire un sentiment de tranquillité et de facilité.

La méditation guidée nécessite d'écouter un guide qui encourage les enfants à se concentrer sur leur respiration, leurs sensations corporelles ou leurs visualisations. Cela peut les aider à se sentir plus détendus et concentrés. L'art-thérapie est une autre technique qui utilise l'expression créative pour aider les enfants à exprimer leurs pensées et leurs émotions dans un environnement sûr et sans jugement. L'art peut également être utilisé comme une pratique de pleine conscience, où les enfants peuvent se concentrer sur le moment présent et s'engager dans la création artistique, ce qui peut aider à réduire l'anxiété et à améliorer l'humeur.

Les parents peuvent soutenir la pratique de la pleine conscience de leur enfant en les encourageant à pratiquer ces techniques régulièrement et en créant un espace sûr et confortable pour qu'ils puissent le faire. Les parents peuvent également participer à la pratique avec leur enfant pour modéliser le comportement et souligner l'importance de prendre soin de soi.

5.3. Techniques de mise à la terre

Les techniques d'ancrage peuvent être une stratégie d'adaptation utile pour les enfants qui ont subi un traumatisme. Ces techniques peuvent aider les enfants à se sentir plus présents sur le moment et à réduire la gravité de leurs symptômes traumatiques. Voici quelques méthodes de techniques d'ancrage qui peuvent soutenir les stratégies d'adaptation de votre enfant pour gérer les symptômes du traumatisme:

Mise à la terre des cinq sens: Demandez à votre enfant de se concentrer sur chacun de ses sens (vue, ouïe, toucher, odorat, goût) et de nommer cinq choses qu'il remarque pour chaque sens. Cela les aide à être présents dans le moment présent et concentrés sur le présent.

Ancrage respiratoire: Demandez à votre enfant de respirer profondément et de se concentrer sur sa respiration pendant qu'il inspire et expire. Vous pouvez également leur demander de compter leurs respirations au fur et à mesure qu'ils les prennent.

Relaxation musculaire progressive: Vous pouvez aider votre enfant à se détendre et à être plus présent dans le moment présent en le guidant à travers la tension et la libération de chaque groupe musculaire de son corps, en commençant par ses orteils et en remontant jusqu'à sa tête.

Marche consciente: Encouragez votre enfant à marcher lentement et consciemment et à se concentrer sur les sensations physiques de la marche, comme la sensation de ses pieds qui touchent le sol.

Encourager votre enfant à s'engager dans un discours intérieur positif peut être utile pour gérer ses émotions dans les moments difficiles. Vous pouvez aider votre enfant à créer des affirmations positives qu'il peut se répéter lorsqu'il se sent stressé ou anxieux. Des exemples d'affirmations incluent des expressions telles que « Je suis en sécurité », « Je suis fort » ou « Je peux surmonter cela ». En répétant ces déclarations positives, votre enfant peut l'aider à changer son état d'esprit et à se sentir plus en contrôle de ses émotions. Il est essentiel de créer des affirmations qui résonnent avec les expériences et les sentiments de votre enfant, car elles seront plus efficaces pour promouvoir un état d'esprit positif.

Il est important de noter que différentes techniques de mise à la terre peuvent mieux fonctionner pour différents enfants, et il peut falloir faire quelques expériences pour trouver les techniques les plus efficaces pour votre enfant. Encouragez votre enfant à pratiquer ces techniques régulièrement, même s'il ne présente pas de symptômes de traumatisme, pour l'aider à renforcer sa résilience et ses capacités d'adaptation.

5.4. Stratégies d'auto-apaisement

Les stratégies auto-apaisantes sont des techniques qui peuvent aider les enfants à se calmer et à gérer leurs émotions de manière saine. Voici quelques exemples de stratégies auto-apaisantes qui peuvent être utiles pour les enfants qui ont vécu un traumatisme:

> **Visualisation:** Encouragez votre enfant à imaginer une scène paisible ou un souvenir heureux. Cela peut les aider à ressentir des émotions plus positives et à réduire le stress.
>
> **Activités sensorielles:** Offrez à votre enfant des articles qui ont une qualité sensorielle apaisante, comme une couverture douce ou une balle anti-stress. Ces articles peuvent aider votre enfant à se sentir plus enraciné et en sécurité.
>
> **Coloriage ou dessin conscient:** Fournissez à votre enfant du papier et du matériel de coloriage ou de dessin et encouragez-le à se concentrer sur le moment présent pendant qu'il crée. Cela peut les aider à se sentir plus calmes et plus centrés.

Trouver les stratégies d'auto-apaisement les plus efficaces pour votre enfant nécessite une attention et une expérimentation individualisées. De plus, il est important de donner à votre enfant l'occasion de pratiquer ces stratégies régulièrement, même s'il ne se sent pas particulièrement stressé ou dépassé, afin qu'il devienne une partie naturelle de sa boîte à outils de compétences d'adaptation.

5.5. Entreprises

Mes techniques de mise à la terre

La feuille de travail « Mes techniques de mise à la terre » aide les enfants à identifier et à pratiquer diverses techniques qui peuvent les aider à se sentir calmes et présents. Cette feuille de travail est cruciale car elle aide les enfants à gérer leurs symptômes de traumatisme et leur donne un sentiment de contrôle sur leurs émotions. Il permet aux enfants d'explorer différentes techniques de mise à la terre qui leur conviennent le mieux et de créer une boîte à outils personnalisée pour faire face aux déclencheurs de traumatismes. Dans l'ensemble, cette feuille de travail favorise la conscience de soi et l'autorégulation chez les enfants, ce qui améliore le bien-être émotionnel.

Mes techniques d'ancrage

Instructions : Les techniques de mise à la terre peuvent vous aider à vous sentir plus présent et calme lorsque vous vous sentez dépassé ou anxieux. Cette feuille de travail est conçue pour vous aider à identifier et à pratiquer différentes techniques d'ancrage qui fonctionnent pour vous. Remplissez les blancs et pratiquez chaque technique jusqu'à ce que vous trouviez celle qui vous convient le mieux.

Nommez trois choses que vous pouvez voir autour de vous :

_____

_____

_____

Nommez trois choses que vous pouvez entendre autour de vous :

_____

_____

_____

Nommez trois choses que vous pouvez toucher autour de vous :

_____

_____

_____

Prenez dix respirations profondes ; compter jusqu'à 5 à l'inspiration et cinq à l'expiration :

_____

_____

_____

Utilisez un objet de mise à la terre, comme une balle anti-stress ou un jouet agité, et concentrez-vous
sur sa texture et sa sensation dans vos mains :

_____

_____

_____

_____

_____

Allez vous promener et concentrez-vous sur votre environnement, comme la sensation de vos pieds sur le sol ou les sons de la nature ; notez-le :

_____

_____

_____

_____

Utilisez un discours intérieur positif pour vous rappeler que
vous êtes en sécurité et capable de gérer vos émotions.
Écrivez maintenant trois lignes positives :

_____

_____

_____

_____

_____

Dessinez ou coloriez une image qui vous rend heureux ou calme

Enveloppez-vous dans une couverture douillette ou serrez dans vos bras un animal en peluche ; décrivez vos sentiments :

_____

_____

_____

Écoutez de la musique ou des sons apaisants, tels que des sons de la nature ou du bruit blanc. Décrivez ce que vous ressentez :

_____

_____

_____

Conseils:

Prenez un bain ou une douche chaude et utilisez du savon parfumé ou des bombes de bain.

Utilisez l'aromathérapie, comme les huiles essentielles ou une bougie parfumée.

Prenez une collation ou une boisson préférée, comme du chocolat chaud ou du maïs soufflé.

Ecrire dans un journal

Dessiner des images est un moyen utile de faire face à des situations difficiles ou inattendues qui peuvent déclencher diverses émotions. Aujourd'hui, vous pouvez utiliser cette technique pour exprimer et traiter vos sentiments actuels en créant une image qui les représente.

DATE: _____

_____

_____

_____

_____

_____

_____

_____

_____

_____

_____

73

Instructions : lancez les dés et effectuez les activités en conséquence

⚀	**Affirmation**	"Je suis sauf"	"Je suis courageux"	"Je peux gérer cette situation"
⚁	**Soutien**	Identifiez quelqu'un à l'école qui. vous offre un soutien.	Nommez un ami qui vous soutient.	Identifiez quelqu'un à la maison qui vous apporte du soutien.
⚂	**En mouvement**	Faites des pompes murales.	Faites des sauts avec écart.	Dansez sur votre musique préférée.
⚃	**Respiration**	Placez votre main sur votre cœur.	Faites la technique du papillon.	Faire des bulles.
⚄	**Élongation**	Faites la pose du cerf-volant. Faites la pose de la chaise.	Apportez vos mains à votre cœur. Faites la pose de la grenouille.	Faire la pose en triangle. Faites la pose du guerrier.
⚅	**Mise à la terre**	Identifiez trois choses que vous pouvez entendre et deux choses que vous pouvez sentir.	Identifiez trois choses vertes, deux choses bleues et une chose rouge dans la pièce.	Embrassez-vous avec un câlin et indiquez le jour actuel, la date et votre emplacement.

La méditation est bonne pour vous.

Commencez par régler une minuterie sur 10 minutes. Asseyez-vous dans une position confortable et fermez les yeux. Portez votre attention sur votre respiration. Inspirez lentement par le nez et concentrez-vous sur le son de votre respiration. Expirez par le nez. Si votre esprit vagabonde, redirigez doucement votre attention vers votre respiration. Lorsque la minuterie se déclenche, ouvrez lentement les yeux. Tenez un journal tous les jours pour enregistrer votre expérience de méditation et ce que vous ressentez. Cela peut être difficile au début, mais n'abandonnez pas ! Avec une pratique constante, vous pourrez méditer comme Yoda en un rien de temps.

Couleur Yoda !

Réflexion: *Pratiquez chaque technique de mise à la terre et faites attention à ce que vous ressentez. Quelles techniques fonctionnent le mieux pour vous? Faites une liste de vos techniques de mise à la terre préférées et gardez-les avec vous lorsque vous en avez besoin. Rappelez-vous que les techniques de mise à la terre sont un outil pour vous aider à gérer vos émotions, et il est normal de demander l'aide d'un adulte de confiance ou d'un professionnel de la santé mentale si vous en avez besoin.*

Chapitre 6: Aider votre enfant à surmonter la peur et l'évitement

Aider votre enfant à surmonter la peur et l'évitement implique de lui fournir un environnement sûr et favorable pour exprimer ses peurs et ses angoisses. Encouragez votre enfant à faire face à ses peurs de manière progressive et solidaire plutôt que de les éviter complètement. Aidez-les à acquérir des techniques d'adaptation comme la respiration abdominale, la conscience du moment présent et le dialogue personnel optimiste. Il est également essentiel de demander l'aide d'un professionnel si la peur et l'évitement de votre enfant interfèrent avec sa vie quotidienne ou causent une détresse importante.

6.1. Comprendre les comportements d'évitement chez les enfants

Les comportements d'évitement chez les enfants sont courants, en particulier lorsqu'ils éprouvent de la peur ou de l'anxiété. Voici quelques exemples de comportements d'évitement que les enfants peuvent afficher:

- *Refus d'assister à une école ou à des événements sociaux: Un enfant peut éviter d'aller à l'école ou à des événements sociaux parce qu'il craint d'être dans des situations inconnues ou d'interagir avec les autres.*
- *Évitement d'activités ou de tâches spécifiques: Les enfants peuvent éviter certaines activités ou tâches qu'ils*

perçoivent comme difficiles ou difficiles, comme parler en public ou participer à des sports.

- o **Chercher à se rassurer à plusieurs reprises**: Un enfant peut chercher à se rassurer auprès de ses parents ou de ses fournisseurs de soins à plusieurs reprises pour réduire son anxiété, par exemple en demandant si une porte est verrouillée plusieurs fois.
- o **Symptômes physiques**: certains enfants peuvent présenter des symptômes physiques comme des maux de tête, des maux d'estomac ou des malaises afin d'éviter certaines situations ou tâches.
- o **Procrastination:** Les enfants peuvent remettre à plus tard ou retarder le début d'une tâche ou d'un projet qui leur cause de l'anxiété, comme étudier pour un test ou terminer un projet scolaire.

Il est important de comprendre que les comportements d'évitement peuvent aggraver l'anxiété et limiter la capacité d'un enfant à s'engager dans des activités importantes pour sa croissance et son développement. Les parents et les fournisseurs de soins peuvent aider les enfants à surmonter les comportements d'évitement en leur fournissant un soutien et en leur enseignant des techniques d'adaptation pour gérer leurs peurs et leurs angoisses.

6.2. Exposition progressive aux situations redoutées

L'exposition progressive est une technique comportementale courante utilisée pour aider les enfants à surmonter leurs peurs et leurs comportements d'évitement. Il s'agit d'exposer progressivement l'enfant à la situation ou à l'objet redouté dans un environnement contrôlé et favorable, permettant à l'enfant de devenir progressivement plus à l'aise et moins anxieux.

Le processus comporte généralement plusieurs étapes, en commençant par l'exposition à des stimuli moins menaçants et en progressant vers des situations plus difficiles au fil du temps. Par exemple, un enfant qui a peur des chiens peut commencer par regarder des photos de chiens, puis regarder des vidéos de chiens, puis interagir avec un chien calme et amical en laisse, et finalement être autour d'un chien sans laisse.

La clé d'une exposition progressive réussie est de procéder au rythme de l'enfant, ce qui lui permet de contrôler l'intensité de l'exposition et de prendre des pauses au besoin. Il est également important de fournir un renforcement positif et des encouragements en cours de route, en reconnaissant les efforts et les progrès de l'enfant.

Grâce à une exposition répétée à la situation ou à l'objet redouté, les comportements d'anxiété et d'évitement de l'enfant peuvent diminuer progressivement, ce qui lui permet de se sentir plus confiant et en contrôle. L'exposition graduelle peut être une technique très efficace pour aider les enfants à surmonter leurs peurs et à retrouver leur capacité à participer à des activités et à des expériences qu'ils aiment.

6.3. Pratiquer des techniques de relaxation pendant l'exposition

L'utilisation de techniques de relaxation en conjonction avec la thérapie d'exposition peut être une méthode précieuse pour aider les enfants à surmonter la peur et l'évitement. Lorsqu'un enfant rencontre une situation qui déclenche la peur, cela peut entraîner une réaction de stress dans le corps, provoquant des sentiments d'anxiété et de tension. Cependant, les parents peuvent enseigner des techniques de relaxation à leurs enfants pour les aider à gérer ces émotions et à faire face à la situation de manière plus calme et contrôlée.

Les techniques de relaxation efficaces pendant la thérapie d'exposition comprennent la respiration profonde, la relaxation musculaire progressive et la visualisation. La respiration profonde consiste à inspirer profondément par le nez et à expirer lentement par la bouche, en se concentrant sur chaque respiration pour favoriser la relaxation. La relaxation musculaire progressive est une technique qui consiste à tendre et à détendre séquentiellement divers groupes musculaires, comme les membres, afin de soulager les tensions et d'encourager le calme. La visualisation consiste à visualiser une scène paisible et calme, comme une plage ou une forêt, pour diminuer l'anxiété et favoriser la relaxation.

En pratiquant ces techniques de relaxation pendant la thérapie d'exposition, les enfants peuvent apprendre à gérer leur anxiété et à renforcer leur confiance en leur capacité à gérer des situations difficiles. Finalement, ces techniques peuvent devenir une partie intégrante de leurs stratégies d'adaptation, leur permettant de naviguer dans des situations stressantes avec plus de facilité et de résilience.

6.4. Entreprises

Des mesures courageuses: faire face à vos peurs grâce à la thérapie cognitivo-comportementale

La feuille de travail « Gestes courageux: Faire face à vos peurs grâce à la thérapie cognitivo-comportementale » est un outil important pour les enfants aux prises avec des peurs et des angoisses. Il fournit une approche structurée pour identifier et comprendre leurs peurs, remettre en question les pensées négatives, fixer des objectifs et des actions, et renforcer les comportements positifs. En utilisant cette feuille de travail, les enfants peuvent développer les compétences et la confiance nécessaires pour faire face à leurs peurs et améliorer leur santé mentale et leur bien-être.

Étapes courageuses : affronter vos peurs avec la Thérapie comportementale cognitive

Instructions:

Pensez à une peur que vous évitez. Cela peut aller de la peur des araignées à la peur de parler devant les autres.

Notez votre peur ci-dessous :

Craindre:_____

_____

Maintenant, décomposons votre peur en plus petites parties. Notez les situations spécifiques ou

les déclencheurs qui vous font peur :

Situation/Déclencheur 1 :_____

Situation/Déclencheur 2 :_____

Situation/Déclencheur 3 :_____

Ensuite, identifions les pensées et les sentiments que vous avez lorsque vous faites face à votre peur. Écrivez-les
en bas :

Pensées: _____

Sentiments: _____

Maintenant, défions ces pensées. Sont-ils basés sur des faits ou des hypothèses ? Notez les preuves qui appuient ou infirment vos pensées :

Preuve pour : _____

Preuve contre : _____

Après avoir examiné les preuves, que pouvez-vous penser de la situation de manière plus équilibrée ? Écrivez-le ci-dessous :

Pensée équilibrée : _____

Enfin, élaborons un plan pour affronter votre peur. Écrivez un objectif spécifique vers lequel vous pouvez travailler et un plan pour y parvenir :

But: _____

Plan: _____

N'oubliez pas de faire les choses une étape à la fois et d'être gentil avec vous-même tout au long du processus. Faire face à vos peurs peut être difficile, mais avec la Thérapie comportementale cognitive, vous pouvez apprendre à gérer votre anxiété et à surmonter les comportements d'évitement.

Surmonter les pensées pénibles

Si vous vous trouvez aux prises avec une pensée bouleversante, vous pouvez vous renseigner pour déterminer si elle est vraie ou non. Notez votre pensée pénible dans le grand nuage ci-dessous, puis explorez les petits nuages pour les questions à vous poser.

Y a-t-il une perspective alternative à considérer ?

Cette pensée est-elle basée sur des faits ou des suppositions ?

Comment cette pensée me sert-elle ?

Défiez ces pensées négatives et prenez le contrôle de votre esprit.

_____

_____

_____

Puis-je recadrer cette pensée avec une perspective positive ?

Comment quelqu'un d'autre percevrait-il cette pensée ?

Quels conseils offrirais-je à un ami dans cette situation ?

Faire face à mes peurs

La feuille de travail "Faire face à mes peurs" aide les enfants à identifier leurs peurs et à créer une hiérarchie des peurs basée sur le niveau d'anxiété provoqué par chaque peur. La feuille de travail offre une méthode étape par étape pour introduire progressivement l'enfant à des situations qui causent de l'anxiété. Le processus commence par la situation la moins anxiogène et progresse dans la hiérarchie à chaque exposition réussie. En décomposant la peur en étapes gérables et en fournissant le soutien d'un adulte de confiance, cette feuille de travail peut aider les enfants à renforcer leur confiance et à surmonter leurs peurs.

Affronter mes peurs

Instructions : Dans l'espace prévu, listez vos peurs dans l'ordre, de la moins effrayante à la plus effrayante. Ensuite, réfléchissez aux mesures spécifiques que vous pouvez prendre pour affronter progressivement chaque peur, en commençant par la moins effrayant.

Hiérarchie de la peur :

Étapes pour faire face à mes peurs :

Peur #1 : _____

Étape 1: _____

Étape 2: _____

Étape 3: _____

Peur #2 : _____

Étape 4: _____

Étape 5: _____

Étape 6: _____

Peur #3 : _____

Étape 7: _____

Étape 8: _____

Étape 9: _____

Continuez à énumérer les étapes pour chaque peur de votre hiérarchie.

Bonus: *Choisissez une peur dans votre hiérarchie et entraînez-vous à y faire face cette semaine avec le soutien d'un adulte de confiance. N'oubliez pas de procéder une étape à la fois et de célébrer vos progrès.*

Échelle de peur pour les enfants

Commencez par dresser une liste des choses qui inquiètent ou effraient votre enfant. Choisissez une peur sur laquelle vous concentrer cette semaine. Créez une série de tâches à accomplir au cours des une ou deux prochaines semaines et organisez les tâches de la moins effrayante (0) à la plus effrayante (10).

Marcher	Action	Notation
Marcher 6	Soyez le leader et demandez à un groupe d'amis de jouer ensemble	10
Marcher 5	Demandez à un ami de jouer avec lui pendant la récréation	8
Marcher 4	Demandez à vous asseoir avec un ami pendant le déjeuner	7
Marcher 3	Démarrez une conversation avec un ami en posant une question	5
Marcher 2	Saluez trois amis en leur disant bonjour	4
Marcher 1	Établissez un contact visuel avec deux des personnes les moins effrayantes autour de vous	2

Les techniques de relaxation

La feuille de travail « Les techniques de relaxation » aide les enfants à apprendre et à pratiquer différentes stratégies pour calmer leur esprit et leur corps face à des situations redoutées. En utilisant des techniques telles que la respiration profonde, la relaxation musculaire progressive ou la visualisation, les enfants peuvent apprendre à gérer l'anxiété et à se sentir plus en contrôle pendant l'exposition. En pratiquant ces techniques régulièrement, les enfants peuvent développer un sentiment d'auto-efficacité et réduire leur dépendance aux comportements d'évitement.

FICHE DE TRAVAIL SUR LES
TECHNIQUES DE RELAXATION

Instructions : Dans l'espace prévu, pratiquez les techniques de relaxation suivantes pour vous aider à vous sentir calme et en sécurité lorsque vous êtes exposé à des situations redoutées. Choisissez les techniques qui vous conviennent le mieux et faites un plan pour les pratiquer régulièrement.

Respiration profonde

- Trouvez une position confortable et respirez profondément par le nez en comptant jusqu'à quatre.

- Retenez votre respiration en comptant jusqu'à quatre.

- Expirez lentement par la bouche en comptant jusqu'à six.
- Répétez pendant plusieurs respirations, en vous concentrant sur le son et la sensation de votre respiration.

Relaxation musculaire progressive

- Contractez un groupe musculaire, comme vos poings, en comptant jusqu'à 5.
- Relâchez la tension et détendez les muscles en comptant jusqu'à 10.

- Passez au groupe musculaire suivant, comme vos bras, et répétez.
- Continuez à tendre et à relâcher les groupes musculaires jusqu'à ce que vous ayez détendu tout votre corps.
-

Visualisation

- Fermez les yeux et imaginez une scène paisible, comme une plage ou une forêt.

- Utilisez vos sens pour imaginer les détails de la scène, comme le bruit des vagues ou l'odeur des arbres.

- 1Concentrez-vous sur les sensations de détente et de calme qui accompagnent cette visualisation.

pleine conscience

- 1Portez votre attention sur le moment présent, en remarquant les sensations dans votre corps et votre environnement.

- 1Utilisez vos sens pour vous concentrer sur ce que vous voyez, entendez, sentez, goûtez et ressentez.
- 1Remarque les pensées ou les sentiments qui surgissent, mais essaie de les laisser passer sans porter de jugement.

Bonus: *Choisissez une ou deux techniques de relaxation dans cette feuille de travail et pratiquez-les quotidiennement pendant une semaine. Remarquez comment ils vous font sentir et comment ils peuvent vous aider à vous sentir calme et en sécurité pendant l'exposition à des situations redoutées.*

Art-thérapie

Utilisant l'expression créative pour promouvoir la guérison émotionnelle et le bien-être, l'art-thérapie est une forme de psychothérapie. La pleine conscience pour les enfants est une technique qui consiste à observer le moment présent sans critique. Lorsque ces deux pratiques sont fusionnées, les enfants peuvent cultiver la conscience de soi, gérer leurs émotions et améliorer leur bien-être mental. En plus des pratiques conscientes, les enfants peuvent colorier l'image ci-dessous pour obtenir les résultats souhaités.

Chapitre 7: Établir des relations positives avec votre enfant

Établir des relations positives avec votre enfant implique de créer un lien fort et sain grâce à une communication efficace, à une écoute active, à l'empathie, au respect et au soutien. Cela implique également de passer du temps de qualité ensemble, de participer à des activités partagées et de créer des souvenirs positifs. En effectuant des techniques et des activités de thérapie avec leurs enfants, vous pouvez établir une relation positive avec votre enfant. Vous pouvez promouvoir leur bien-être émotionnel, renforcer leur estime de soi et les aider à développer des compétences sociales positives et des relations avec les autres.

7.1. Liens brisés: comment les traumatismes de l'enfance peuvent nuire aux relations à l'âge adulte

Les traumatismes de l'enfance peuvent avoir un impact profond sur les relations adultes. Un traumatisme peut entraîner des problèmes d'attachement, des problèmes de confiance et des difficultés à former et à maintenir des relations saines. Voici quelques exemples de la façon dont les traumatismes de l'enfance peuvent nuire aux relations à l'âge adulte:

Problèmes d'attachement: Un traumatisme peut amener les enfants à développer des problèmes d'attachement, tels que l'évitement ou la peur de l'intimité. Cela peut rendre difficile pour eux de former des relations étroites et saines à l'âge adulte.

Problèmes de confiance: *Les traumatismes de l'enfance peuvent amener les individus à lutter avec la confiance, ce qui peut affecter leur capacité à former et à maintenir des relations. Ils peuvent avoir du mal à faire confiance aux autres, ou ils peuvent être trop confiants et vulnérables à l'exploitation.*

Régulation émotionnelle: *Les traumatismes peuvent également avoir un impact sur la régulation émotionnelle, ce qui rend difficile pour les individus de gérer leurs émotions dans les relations. Ils peuvent lutter contre des émotions intenses, telles que la colère, la peur et la tristesse, ce qui peut rendre difficile pour eux de se connecter avec les autres.*

Communication: *Les traumatismes peuvent également affecter les compétences de communication, ce qui rend difficile pour les individus d'exprimer efficacement leurs besoins et leurs émotions. Cela peut conduire à des malentendus et des conflits dans les relations.*

Modèles de rôle*: Enfin, les traumatismes de l'enfance peuvent avoir un impact sur la capacité des individus à être des modèles positifs dans leurs relations. S'ils n'ont pas eu de modèles positifs en grandissant, ils peuvent avoir du mal à modéliser des comportements sains et peuvent répéter les schémas négatifs qu'ils ont appris dans l'enfance.*

Dans l'ensemble, les traumatismes de l'enfance peuvent avoir un impact durable sur les relations adultes, d'où l'importance pour les individus de demander de l'aide et du soutien pour surmonter les effets du traumatisme.

7.2. Établir des relations positives avec votre enfant

Construire des relations positives avec votre enfant implique de créer un lien fort basé sur la confiance, l'amour et la communication. Voici quelques moyens d'y parvenir:

Passer du temps de qualité ensemble: *Prendre du temps pour votre enfant et participer à des activités qu'il aime peut aider à renforcer vos liens et à créer des souvenirs positifs.*

Écoute active: *Prêter attention aux pensées, aux sentiments et aux expériences de votre enfant peut l'aider à se sentir entendu et validé, renforçant ainsi votre communication et votre relation.*

Renforcement positif: *Reconnaître le comportement positif, les efforts et les réalisations de votre enfant peut aider à renforcer sa confiance et son estime de soi, créant ainsi une dynamique positive dans votre relation.*

Établir des limites: *Établir des limites et des règles claires peut aider votre enfant à se sentir en sécurité tout en favorisant le respect mutuel dans votre relation.*

Empathie et compréhension: *Reconnaître et répondre aux émotions de votre enfant avec empathie et compréhension peut aider à établir la confiance et à favoriser un lien plus profond dans votre relation. Par exemple, passer régulièrement du temps à jouer à des jeux, à lire des livres ou à faire des sorties avec votre enfant peut créer des souvenirs positifs et renforcer votre lien.*

L'écoute active peut impliquer de mettre de côté les distractions et de s'engager pleinement dans des conversations avec votre enfant pour comprendre ses pensées et ses sentiments. Le renforcement positif peut être aussi simple que de faire l'éloge d'un travail bien fait ou de célébrer les réalisations ensemble.

Établir des limites peut impliquer de fixer une limite ou de discuter ensemble des règles du ménage, tandis que l'empathie et la compréhension peuvent être démontrées en validant les sentiments de votre enfant et en offrant un soutien pendant les moments difficiles.

7.3. Établir des limites saines

Développer des limites saines est un aspect essentiel de l'établissement de relations positives avec votre enfant. Cela implique de fixer des limites et des attentes en matière de comportement tout en respectant l'individualité et l'espace personnel de votre enfant. Voici quelques façons de développer des limites saines avec votre enfant:

Communiquez: Parlez ouvertement et honnêtement à votre enfant de vos attentes, de vos règles et de vos conséquences. Écoutez leurs pensées et leurs sentiments, et essayez de trouver un compromis qui fonctionne pour vous deux.

Soyez cohérent: Une fois que vous avez défini des limites, soyez cohérent dans leur application. Cela aide votre enfant à comprendre ce que l'on attend de lui et renforce l'importance de respecter les limites.

Respectez sa vie privée: À mesure que votre enfant grandit, il peut vouloir plus d'intimité. Respectez leur besoin d'espace personnel et apprenez-leur à respecter également la vie privée des autres.

Encouragez l'indépendance: Permettez à votre enfant de prendre des décisions adaptées à son âge et d'assumer la responsabilité de ses actes. Cela les aide à développer un sentiment d'indépendance et d'autonomie.

> *Soyez flexible*: Il est important d'être ferme avec les limites, mais aussi d'être prêt à les ajuster au besoin. Au fur et à mesure que votre enfant grandit et se développe, ses besoins et ses capacités changeront, tout comme vos limites.

Des exemples de limites saines peuvent inclure l'établissement d'une limite pour votre adolescent, l'application de conséquences pour un comportement irrespectueux, le respect du besoin de votre enfant de passer du temps seul et l'encourager à prendre des décisions pour lui-même dans le cadre d'un ensemble de directives convenues. En fin de compte, le développement de limites saines aide votre enfant à se sentir en sécurité, respecté et aimé, ce qui peut mener à une relation plus forte et plus positive.

7.4. Entreprises

Mon système de soutien

La feuille de travail « Mon système de soutien » aide les enfants à identifier les personnes qui leur offrent soutien et réconfort. En reconnaissant ces personnes, les enfants peuvent bâtir et renforcer leur réseau de soutien social, ce qui peut avoir un impact positif sur leur santé mentale et leur bien-être. Cette feuille de travail peut également aider les enfants à développer des relations positives et à améliorer leurs compétences en communication. De plus, l'identification de personnes de soutien et de moyens de communiquer avec elles peut aider les enfants à se sentir moins seuls et plus habilités à demander de l'aide en cas de besoin.

Mon système de soutien

Instructions : Dans l'espace prévu à cet effet, identifiez les personnes de votre entourage qui vous soutiennent et vous aident, et réfléchissez à la manière dont vous pouvez vous connecter avec elles lorsque vous avez besoin d'aide.

Qui sont les personnes qui vous soutiennent dans votre vie ?

• Dressez la liste des personnes avec qui vous vous sentez à l'aise pour parler de vos sentiments et de vos expériences.

• Pensez aux membres de votre famille, amis, enseignants, entraîneurs ou conseillers qui ont été là pour vous dans le passé.

_____

_____

_____

_____

Quel type de soutien offrent-ils?

• Notez ce que chaque personne qui vous soutient peut vous offrir en termes de soutien émotionnel, pratique ou autre.

• Par exemple, un ami peut être un bon auditeur, tandis qu'un membre de la famille peut offrir des conseils ou de l'aide pour des tâches.

Comment pouvez-vous vous connecter avec eux?

- Réfléchissez à des moyens de contacter les personnes qui vous soutiennent lorsque vous avez besoin d'aide ou que vous voulez simplement parler.

- Notez leurs numéros de téléphone, adresses e-mail ou profils de réseaux sociaux.

_____

_____

_____

_____

- Réfléchissez à des activités spécifiques que vous pouvez faire ensemble, comme aller vous promener ou regarder un film.

_____

_____

_____

Quelles autres sources de soutien avez-vous ?

- Envisagez d'autres sources de soutien, telles que les animaux de compagnie, les passe-temps ou les communautés en ligne.

- Notez comment ces sources de soutien peuvent vous aider à vous sentir mieux lorsque vous vous sentez déprimé.

_____

_____

_____

_____

Bonus: *Choisissez une personne de soutien dans votre liste et réfléchissez à ce que vous pouvez faire pour renforcer votre lien avec elle. Faites un plan pour les contacter et passer du temps ensemble.*

95

Établir des relations positives

La feuille de travail « Bâtir des relations positives » est un outil important pour les parents et les fournisseurs de soins qui veulent renforcer leur relation avec leur enfant grâce à la thérapie cognitivo-comportementale. Il fournit une approche structurée pour identifier les modèles de communication, remettre en question les pensées négatives, fixer des objectifs et des actions, et renforcer les comportements positifs. En utilisant cette feuille de travail, les parents et les fournisseurs de soins peuvent améliorer la qualité de leur relation avec leur enfant, ce qui peut avoir un impact positif sur leur santé mentale et leur bien-être.

Établir des relations positives
(pour les parents)

Instructions:

Prenez quelques minutes pour réfléchir à votre relation avec votre enfant. Quelles sont les choses que vous appréciez chez votre enfant ? Quels sont les domaines dans lesquels vous aimeriez améliorer votre relation ? Écrivez vos pensées ci-dessous :

Appréciations : _____

_____

Zones d'amélioration: _____

_____

_____

Maintenant, concentrons-nous sur la communication. Une bonne communication est la base d'une relation solide. Notez quelques-unes des façons dont vous communiquez avec votre enfant:

Méthodes de communication: _____

_____

_____

_____

Ensuite, explorons vos pensées et vos sentiments lorsque vous communiquez avec votre enfant.

Écrivez vos pensées et vos sentiments au cours des scénarios suivants : Scénario 1 : Lorsque votre enfant ne vous écoute pas.

Pensées:_____

_____

Sentiments: _____

_____

Scénario 2 : Lorsque vous vous sentez stressé ou dépassé.

Pensées: _____

_____

Sentiments: _____

_____

Défions ces pensées négatives. Sont-ils basés sur des faits ou des hypothèses ? Notez les preuves qui appuient ou infirment vos pensées :

Preuve pour : _____

Preuve contre : _____

Après avoir examiné les preuves, quelle est votre opinion la plus équilibrée sur le

situation? Écrivez-le ci-dessous :

Pensée équilibrée : _____

Élaborons maintenant un plan pour améliorer la communication avec votre enfant. Notez quelques objectifs et actions spécifiques que vous pouvez entreprendre :

Objectif 1 : _____

   Action: _____

Objectif 2 : _____

   Action: _____

Enfin, parlons de la façon de renforcer les comportements positifs chez votre enfant. Notez certaines des qualités et des comportements positifs de votre enfant que vous souhaitez encourager :

Des qualités positives: _____

Comportements positifs : _____

Notez quelques façons spécifiques de renforcer les comportements positifs :

Façons de renforcer les comportements positifs : _____

_____

_____

_____

N'oubliez pas que l'établissement de relations positives demande du temps et des efforts. En utilisant les techniques de TCC, vous pouvez apprendre à communiquer efficacement avec votre enfant, à défier les pensées négatives et à renforcer les comportements positifs.

Établissement des limites

La feuille de travail « Fixer des limites » est un outil précieux pour aider les enfants à apprendre à établir et à communiquer des limites saines. Cette feuille de travail fournit une approche structurée permettant aux enfants d'identifier leurs propres limites, de s'entraîner à les exprimer aux autres et d'apprendre à respecter les limites des autres. En parcourant cette feuille de travail, les enfants peuvent mieux comprendre leurs propres besoins et limites, ainsi que développer des compétences importantes pour établir des relations positives avec les autres. Cela peut conduire à une confiance accrue, à l'estime de soi et au bien-être général.

Fixer des limites

Instructions : Dans l'espace prévu, entraînez-vous à établir et à communiquer des limites saines avec les autres, et apprenez à respecter les limites des autres.

Identifiez vos limites

- Pensez aux choses qui vous mettent mal à l'aise, vous manquent de respect ou vous mettent en danger.

- Écrivez vos limites en termes spécifiques. Par exemple, « je ne veux pas que les gens me touchent sans ma permission » ou « je ne veux pas être traité de noms ou insulté ».

_____

_____

_____

Communiquez vos limites

- Réfléchissez à la manière dont vous pouvez communiquer vos limites de manière claire et affirmée.

- Exercez-vous à dire « non » ou « stop » sur un ton ferme mais respectueux.

Faites un remue-méninges pour expliquer pourquoi vous avez une limite particulière. Par exemple, « je n'aime pas qu'on me chatouille parce que ça me rend anxieux ».

_____

_____

_____

Respecter les limites des autres

- Réfléchissez aux limites que d'autres personnes pourraient avoir et comment vous pouvez les respecter.

- Exercez-vous à écouter les autres et à prêter attention à leur langage corporel et au ton de leur voix.

- Demandez la permission avant de toucher quelqu'un et évitez de faire des suppositions sur ce avec quoi il pourrait être à l'aise.

_____

_____

_____

Conséquences des violations des limites

- Réfléchissez à ce que vous pouvez faire si quelqu'un enfreint vos limites et comment vous pouvez appliquer les conséquences de manière respectueuse.

- Entraînez-vous à dire des choses comme : « Je t'ai demandé d'arrêter, et si tu ne respectes pas mes limites, je devrai quitter la situation.

- Réfléchissez au type de conséquences appropriées pour différentes violations des limites. Par exemple, si quelqu'un vous insulte, vous pourriez lui demander de s'excuser, tandis que si quelqu'un vous touche sans votre permission, vous devrez peut-être impliquer un adulte.

_____

_____

_____

_____

Bonus: *Pensez à une situation où vous pourriez avoir besoin de fixer une limite à l'avenir et pratiquez ce que vous pourriez dire pour communiquer votre limite avec assurance et respect.*

Chapitre 8: Encourager les soins personnels et l'auto-compassion de votre enfant

Encourager les soins personnels et l'auto-compassion de votre enfant implique de lui apprendre à donner la priorité à sa propre santé physique, émotionnelle et mentale. Cela peut inclure la pratique d'activités qui favorisent la relaxation, l'expression de soi et la pleine conscience. De plus, cela implique de leur apprendre à être gentils et compréhensifs envers eux-mêmes, à reconnaître leurs forces et à accepter leurs limites. La promotion des auto soins et de l'auto-compassion peut être un moyen efficace d'aider les enfants qui ont vécu un traumatisme à développer une meilleure estime de soi, une plus grande résilience et une plus grande régulation émotionnelle, et à développer des habiletés d'adaptation positives.

Les parents peuvent encourager l'auto-compassion chez leurs enfants grâce à l'utilisation de la technique de thérapie cognitivo-comportementale. En thérapie cognitive, l'auto-compassion signifie examiner les pensées autocritiques négatives et automatiques et remettre en question ces pensées. Pour aider les enfants à accepter leurs sentiments positifs et négatifs, les parents peuvent comprendre et valider leurs expériences et leurs émotions et éviter de dédaigner leurs sentiments. En enseignant aux enfants des techniques de thérapie cognitivo-comportementale, les parents peuvent aider leurs enfants à développer des compétences d'auto soins et d'auto-compassion qui peuvent être bénéfiques pour leur santé mentale et leur bien-être. De plus, la thérapie cognitivo-comportementale encourage la gratitude et la pensée positive, ce qui peut améliorer l'humeur et le bien-être général d'un enfant. En encourageant les enfants à identifier les choses pour lesquelles ils sont reconnaissants et à se concentrer sur les aspects positifs de leur vie, les parents peuvent les aider à développer une attitude plus positive et à réduire le discours intérieur négatif.

8.1. L'importance des soins personnels et de l'auto-compassion

Prendre soin de soi et faire preuve d'auto-compassion est essentiel au bien-être général et au développement des enfants. Voici quelques raisons pour lesquelles:

o *Favorise une estime de soi positive*: *Lorsque les enfants prennent soin d'eux-mêmes, ils apprennent à se valoriser et à se respecter. Cela aide à construire une image de soi positive et l'estime de soi, ce qui peut à son tour conduire à de meilleurs résultats en matière de santé mentale.*

o *Encourage la conscience de soi:* *Les soins personnels et l'auto-compassion encouragent les enfants à être conscients de leurs propres besoins et sentiments. Cela les aide à mieux comprendre leurs émotions et à les communiquer efficacement aux autres.*

o *Réduit le stress et l'anxiété:* *Les pratiques d'auto soins telles que la pleine conscience, la méditation ou l'exercice physique peuvent aider les enfants à gérer le stress et l'anxiété. En prenant le temps de prendre soin d'eux-mêmes, les enfants apprennent à prioriser leur propre*

> bien-être et à développer des mécanismes d'adaptation sains.
>
> o ***Favorise la résilience****: Lorsque les enfants prennent soin de soi et de l'auto-compassion, ils développent une résilience face aux défis et aux revers. Ils apprennent à être gentils et patients avec eux-mêmes, ce qui les aide à rebondir après des situations difficiles.*

Des exemples de pratiques d'auto soins et d'auto-compassion pour les enfants comprennent la prise de pauses lorsqu'ils se sentent dépassés, la pratique d'une activité physique ou de passe-temps créatifs, la pratique de la pleine conscience ou de la méditation et le fait de parler à un adulte ou à un ami de confiance lorsqu'ils se sentent stressés ou anxieux. En encourageant et en modélisant ces pratiques, les parents peuvent aider leurs enfants à développer de saines habitudes de soins personnels et à améliorer leur bien-être général.

8.2. Élaborer un plan d'auto soins avec votre enfant

L'élaboration d'un plan d'auto soins avec votre enfant est une étape importante pour encourager les soins personnels et l'auto-compassion. Il s'agit d'identifier les activités et les pratiques qui favorisent le bien-être et de les intégrer dans les routines quotidiennes. Voici quelques étapes pour élaborer un plan d'auto soins avec votre enfant:

> o ***Identifiez les activités d'auto soins****: Parlez avec votre enfant des activités qui le rendent heureux, calme et plein d'énergie. Cela pourrait inclure des choses comme dessiner, jouer avec un animal de compagnie, lire, écouter de la musique ou se promener.*

- ○ ***Priorisez les activités***: *Une fois que vous avez identifié les activités de soins personnels, aidez votre enfant à les prioriser en fonction de ce qui est le plus important ou bénéfique pour son bien-être.*
- ○ ***Planifiez des activités d'auto soins***: *Aidez votre enfant à planifier des activités d'auto soins dans sa routine quotidienne. Cela pourrait signifier réserver du temps le matin ou le soir ou trouver des occasions d'intégrer des activités d'auto soins tout au long de la journée.*
- ○ ***Créez des rappels:*** *Encouragez votre enfant à créer des rappels ou des repères visuels pour l'aider à se rappeler de prendre soin de lui. Cela pourrait être un post-it sur leur miroir ou un rappel sur leur téléphone.*
- ○ ***Ajustez et révisez au besoin***: *Vérifiez régulièrement auprès de votre enfant comment fonctionne son plan d'auto soins et ajustez-le ou révisez-le au besoin.*

Voici des exemples d'activités d'auto soins pour les enfants:

- ○ Prendre un bain ou une douche
- ○ Pratiquer des techniques de respiration profonde ou de relaxation
- ○ Faire du yoga ou des étirements
- ○ Dessin ou coloriage
- ○ Jouer avec un animal de compagnie
- ○ Écouter de la musique
- ○ Passer du temps dans la nature
- ○ Lire un livre
- ○ Rédaction ou journalisation
- ○ Passer du temps avec des amis ou de la famille

En élaborant un plan d'auto soins avec votre enfant, vous pouvez l'aider à prioriser son bien-être et à développer de saines habitudes pour la vie.

8.3. Encourager l'auto-compassion chez votre enfant

Encourager l'auto-compassion chez les enfants est important pour leur santé mentale et leur bien-être. Voici quelques façons dont les parents peuvent promouvoir l'auto-compassion chez leurs enfants:

Validez ses sentiments: Lorsque votre enfant traverse une période difficile, il est important de reconnaître ses émotions et de valider ses sentiments. Aidez-les à comprendre qu'il est normal de se sentir triste, en colère ou anxieux parfois.

Soyez gentil avec vous-même: Les enfants apprennent par l'exemple, il est donc important que les parents donnent eux-mêmes l'exemple de l'auto-compassion. Cela signifie être gentil avec vous-même et ne pas être trop dur avec vous-même lorsque les choses tournent mal.

Encouragez le discours intérieur positif: Encouragez votre enfant à utiliser un discours intérieur positif et à être gentil avec lui-même. Aidez-les à recadrer les pensées négatives en pensées positives.

Célébrez les petites victoires: Prenez le temps de reconnaître et de célébrer les réalisations mineures de votre enfant, car cela renforcera son sentiment d'assurance et d'estime de soi.

Encouragez les soins personnels: Motivez votre enfant à participer à des activités qu'il aime et qu'il trouve relaxantes, comme des activités physiques, la lecture ou passer du temps avec *des amis. Aidez-les à accorder de l'importance aux soins personnels en tant qu'élément crucial de leur régime quotidien.*

Enseignez des habiletés d'adaptation: *Enseignez à votre enfant des habiletés d'adaptation pour l'aider à gérer le stress et les émotions difficiles. Ceux-ci peuvent inclure la respiration profonde, la pleine conscience ou la journalisation.*

Pratiquez *l'empathie: Aidez votre enfant à comprendre et à pratiquer l'empathie envers les autres. Cela peut les aider à développer un plus grand sentiment de compassion pour eux-mêmes et pour les autres.*

Des exemples de promotion de l'auto-compassion chez les enfants comprennent les encourager à prendre des pauses quand ils en ont besoin, leur apprendre à célébrer leurs forces et les aider à comprendre que faire des erreurs est une partie normale du processus d'apprentissage. De plus, les parents peuvent apprendre aux enfants à être gentils avec eux-mêmes lorsqu'ils luttent et à pratiquer des activités de soins personnels telles que prendre un bain moussant ou faire une promenade dans la nature. En fin de compte, la promotion de l'auto-compassion chez les enfants peut les aider à renforcer leur résilience, à gérer le stress et à mener une vie plus heureuse et plus saine.

8.4. Entreprises

Mon plan d'auto soins

La feuille de travail « Mon plan d'auto soins » est un outil utile qui permet aux enfants d'identifier les pratiques d'autos oins qui leur conviennent le mieux. Il permet aux enfants d'explorer leurs intérêts, leurs passe-temps et leurs moyens de gérer le stress ou les émotions négatives. En créant un plan d'auto soins, les enfants peuvent développer une routine qui favorise le bien-être, la résilience et l'auto-compassion. La feuille de travail aide également les enfants à prendre en charge leurs soins personnels et à reconnaître l'importance de donner la priorité à leur santé mentale et émotionnelle.

Mon plan d'auto-soins

Instructions: Utilisez cette feuille de travail pour créer un plan pour prendre soin de vous et rester sain et heureux.

Activités d'auto-soins: Énumérez quelques activités que vous aimez faire et qui vous aident à vous sentir

détendu et heureux. Il peut s'agir de choses simples comme prendre un bain, écouter de la musique ou

faire une promenade.

Idées d'activités:

- Lire un livre

- Dessiner ou colorier

- Jouer à un jeu

- Faire une sieste

- Dansant

- Faire un casse-tête

- Cuisson ou pâtisserie

- Regarder un film

Stratégies d'adaptation: Écrivez quelques façons de gérer des émotions ou des situations difficiles. Il peut s'agir de prendre de grandes respirations, de parler à un ami ou à un membre de la famille ou d'aller courir.

Les stratégies d'adaptation:

- Exercices de respiration profonde

- Parler à un ami de confiance ou à un membre de la famille

- Écrire dans un journal

- Se promener ou courir

- Méditer ou pratiquer la pleine conscience

- • Faire quelque chose de créatif, comme peindre ou jouer de la musique

Techniques de relaxation : Pensez à certaines techniques de relaxation qui fonctionnent pour vous, comme prendre un bain chaud, pratiquer le yoga ou écouter de la musique apaisante.

Techniques de relaxation :

- Prendre un bain chaud

- Pratiquer le yoga ou les étirements

- Écouter de la musique apaisante ou des sons de la nature

- Visualiser un endroit paisible

- Faire une méditation par balayage corporel

- Utiliser une couverture lestée ou câliner un animal de compagnie

Habitudes saines : Énumérez quelques habitudes saines que vous souhaitez intégrer à votre vie quotidienne.

- routine, comme manger des aliments nutritifs, dormir suffisamment ou faire de l'exercice régulièrement.

Habitudes saines:

- Avoir une alimentation équilibrée avec beaucoup de fruits et légumes

- Boire beaucoup d'eau

- Dormir suffisamment chaque nuit

- Faire de l'exercice régulièrement, comme faire une promenade à pied ou à vélo

- Passer du temps à l'extérieur dans la nature

- Limiter le temps d'écran et débrancher avant le coucher

Plan d'auto-soins : utilisez les informations que vous avez recueillies pour créer un plan d'auto-soins qui fonctionne

pour toi. Notez certaines activités ou stratégies spécifiques que vous pouvez utiliser lorsque vous en avez besoin.

prends soin de toi.

_____

_____

_____

_____

_____

Plan d'autosoins suggéré :

- En semaine, j'irai me promener après l'école pour prendre l'air et faire de l'exercice.

- Avant de me coucher chaque soir, je passerai 10 minutes à faire un exercice de relaxation comme une respiration profonde ou une méditation par balayage corporel.

- Lorsque je me sens dépassé ou stressé, je vais faire une pause et faire quelque chose de créatif, comme dessiner ou peindre.

- Si j'ai du mal à m'endormir, j'écouterai de la musique apaisante ou une méditation guidée.

- Je boirai de l'eau tout au long de la journée pour rester hydraté et énergisé.

- N'oubliez pas qu'il est important de prendre soin de vous et de prioriser votre bien-être. Utilisez cette feuille de travail comme guide pour créer un plan de soins personnels qui fonctionne pour vous et n'oubliez pas de pratiquer régulièrement les soins personnels.

Prendre soin de soi et de l'auto-compassion

La feuille de travail « Prendre soin de soi et faire preuve d'auto-compassion » est un outil important pour les enfants et les adolescents qui apprennent à prioriser leur propre bien-être grâce à la thérapie cognitivo-comportementale. Il les aide à définir et à explorer les pratiques d'auto soins et d'auto-compassion, à remettre en question les pensées négatives, à fixer des objectifs et des actions et à renforcer les comportements positifs. En utilisant cette feuille de travail, les enfants et les adolescents peuvent cultiver des pratiques positives et améliorer leur bien-être psychologique et leur état d'être général.

Pratiquer l'auto-soin et l'auto-compassion

Instructions:

Commençons par définir les soins personnels et l'autocompassion. Écrivez votre propre définition de

chaque:

Soins auto-administrés: _____

Auto-compassion : _____

Maintenant, explorons comment vous pratiquez les soins personnels et l'auto-compassion dans votre propre vie. Écrivez quelques exemples de pratiques de soins personnels et d'autocompassion que vous utilisez :

Pratiques d'auto-soins: _____

Pratiques d'auto-compassion : _____

Parlons ensuite des pratiques d'auto-soins et d'auto-compassion de votre enfant. Notez quelques-unes des façons dont votre enfant prend soin de lui et fait preuve d'auto-compassion :

Pratiques d'auto-soins: _____

Pratiques d'auto-compassion : _____

Parlons ensuite des pratiques d'auto-soins et d'auto-compassion de votre enfant. Notez quelques-unes des façons dont votre enfant prend soin de lui et fait preuve d'auto-compassion :

Pratiques d'auto-soins: _____

Pratiques d'auto-compassion : _____

Défions ces pensées négatives. Sont-ils basés sur des faits ou des hypothèses ? Notez les preuves qui appuient ou réfutent ces pensées :

Preuve pour : _____

Preuve contre : _____

Après avoir examiné les preuves, quelle pensée plus équilibrée votre enfant peut-il avoir sur lui-même ? Écrivez-le ci-dessous :

Pensée équilibrée : _____

Maintenant, faisons un plan pour pratiquer les soins personnels et l'auto-compassion. Notez quelques objectifs et actions spécifiques que votre enfant peut entreprendre :

Objectif 1 : _____

Action: _____

Objectif 2 : _____

Action: _____

Enfin, parlons de la façon de renforcer les pratiques d'auto-soins et d'auto-compassion. Notez quelques façons spécifiques d'encourager et de soutenir votre enfant :

Façons de renforcer les pratiques d'auto-soins et d'auto-compassion :

_____

N'oubliez pas que la pratique des soins personnels et de l'autocompassion est un processus continu. En utilisant les techniques de TCC, votre enfant peut apprendre à défier les pensées négatives et à prendre soin de lui de manière positive
et les habitudes d'auto-compassion.

Exercices d'auto-compassion

Les « exercices d'auto-compassion » peuvent être un outil utile pour que les enfants s'entraînent à se traiter avec gentillesse et compréhension. Il leur fournit divers exercices à essayer, tels que l'écriture d'une lettre à eux-mêmes ou la création d'un mantra d'auto-compassion, ce qui peut les aider à développer une image de soi positive et à faire face aux émotions difficiles. En pratiquant l'auto-compassion, les enfants peuvent apprendre à être plus patients et à pardonner avec eux-mêmes, ce qui peut finalement conduire à une plus grande estime de soi et à une plus grande résilience.

Exercices d'auto-compassion

Instructions : L'auto-compassion consiste à se traiter avec gentillesse et compréhension,

surtout quand nous avons du mal ou que nous nous sentons déprimés. Essayez ces exercices pour pratiquer l'auto-compassion.

S'écrire une lettre : Écrivez-vous une lettre comme si vous écriviez à un ami qui traverse une période difficile. Utilisez des mots d'encouragement et de soutien, et rappelez-vous vos forces et vos capacités.

Mantra d'auto-compassion : Choisissez une phrase ou un mantra qui vous aide à vous sentir calme et enraciné. Les exemples incluent "Je suis digne d'amour et de gentillesse" ou "Puis-je être gentil avec moi-même en ce moment." Répétez-vous ce mantra lorsque vous avez besoin d'un rappel pour être compatissant envers vous-même.

Reconnaître les émotions : Lorsque vous ressentez des émotions fortes, prenez un moment pour les reconnaître sans jugement. Dites-vous : « c'est normal de ressentir ça en ce moment » ou « j'ai le droit d'avoir ces sentiments ». Cela peut vous aider à mieux vous accepter vous-même et vos émotions.

LETTRE POUR MOI DE MOI

114

Respiration consciente : Prenez quelques respirations profondes et concentrez votre attention sur votre respiration. Remarquez la sensation de l'air entrant et sortant de votre corps. Pendant que vous inspirez, pensez : « Je respire calmement. En expirant, pensez : « J'expire du stress.

Auto-câlin : Enroulez vos bras autour de vous dans une douce étreinte et imaginez que vous vous envoyez des sensations de chaleur et de confort. Cela peut vous aider à vous sentir plus connecté à vous-même et à apaiser les émotions difficiles.

N'oubliez pas que pratiquer l'auto-compassion demande du temps et de la patience. Soyez gentil et doux avec vous-même lorsque vous essayez ces exercices.

Discours intérieur positif

Le discours intérieur positif et l'auto-compassion sont étroitement liés. La recherche a montré que le discours intérieur positif améliore la santé, les relations, la motivation, la confiance en soi et la résilience. Il améliore également le bien-être mental et physique. Voici une activité qui aide votre enfant à améliorer son discours intérieur.

PARLER AVEC CONFIANCE

1. Identifiez les messages positifs et de soutien qui résonnent en vous et dont vous voulez vous souvenir et appliquez un discours intérieur positif.

2. Créez une représentation visuelle de vous-même ou d'un objet qui symbolise votre personnalité ou caractère au centre du miroir pour servir de rappel de vos qualités uniques.

3. Parlez-vous régulièrement à haute voix des déclarations positives pour renforcer leur message d'autonomisation et renforcer votre confiance et votre confiance en vous.

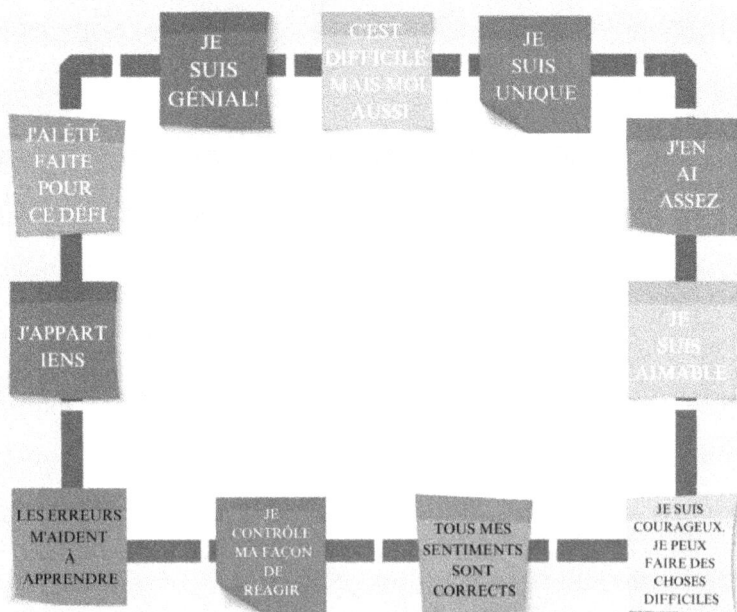

JE SUIS GÉNIAL!

C'EST DIFFICILE MAIS MOI AUSSI

JE SUIS UNIQUE

J'EN AI ASSEZ

J'AI ÉTÉ FAITE POUR CE DÉFI

J'APPARTIENS

JE SUIS AIMABLE

LES ERREURS M'AIDENT À APPRENDRE

JE CONTRÔLE MA FAÇON DE RÉAGIR

TOUS MES SENTIMENTS SONT CORRECTS

JE SUIS COURAGEUX. JE PEUX FAIRE DES CHOSES DIFFICILES

Chapitre 9: Aller de l'avant avec la guérison de votre enfant

Aller de l'avant avec la guérison de votre enfant implique de créer un environnement favorable, de favoriser la résilience et de demander de l'aide professionnelle si nécessaire. Cela comprend la fourniture d'un soutien émotionnel continu, le renforcement des capacités d'adaptation, la promotion de relations positives et l'encouragement des soins personnels et de l'autocompassion. Cela implique également de reconnaître que la guérison est un processus et que les progrès peuvent être lents et non linéaires. Avec de la patience, de l'empathie et un engagement envers le bien-être de votre enfant, vous pouvez l'aider à progresser vers un avenir meilleur.

La thérapie cognitivo-comportementale peut aider les parents et leurs enfants à progresser dans le parcours de guérison en utilisant des techniques d'établissement d'objectifs, de résolution de problèmes, de pensée positive, de pleine conscience et de soins personnels. En décomposant les objectifs en étapes plus petites, en développant des compétences en résolution de problèmes, en remettant en question le discours intérieur négatif, en pratiquant la pleine conscience et en s'engageant dans des activités de soins personnels, les enfants peuvent apprendre à gérer leurs émotions, à se fixer des objectifs et à promouvoir la pensée positive. La THÉRAPIE COGNITIVO-COMPORTEMENTALE offre des approches pratiques et axées sur les objectifs pour promouvoir un changement positif et soutenir les enfants dans leur cheminement vers la guérison.

9.1. Célébrer les progrès avec votre enfant

Reconnaître et célébrer les progrès est un élément important pour aider les enfants à se remettre d'un traumatisme. Cela peut fournir une motivation et un encouragement à poursuivre leur cheminement vers la guérison. Voici quelques façons de célébrer les progrès réalisés avec votre enfant:

- o ***Reconnaissez et validez leurs efforts****: Montrez à votre enfant que vous reconnaissez et appréciez le travail acharné qu'il fait pour surmonter son traumatisme. Validez leurs progrès et exprimez votre fierté à leur égard.*
- o ***Célébrez les jalons:*** *Fixez-vous des objectifs réalisables avec votre enfant et célébrez lorsqu'il les atteint. Cela peut être aussi simple que de célébrer lorsqu'ils partagent leurs sentiments ou essaient une nouvelle activité.*
- o ***Utilisez un tableau de progression****: Les aides visuelles comme les tableaux de progression peuvent aider votre enfant à voir le chemin parcouru et lui donner un sentiment d'accomplissement.*
- o ***Récompensez-les:*** *De petites récompenses peuvent être un excellent moyen de reconnaître le travail acharné de votre enfant. Les récompenses peuvent être aussi simples qu'une gâterie spéciale ou une activité amusante.*
- o ***Célébrez ensemble en famille****: Célébrer les progrès de votre enfant en famille peut créer un sentiment d'unité et de soutien.*

Par exemple, si votre enfant a peur des chiens et s'efforce de les surmonter, vous pouvez célébrer leurs progrès en les emmenant dans un zoo pour enfants où ils peuvent interagir avec les animaux dans un environnement sûr et contrôlé. Vous pouvez également reconnaître leurs efforts en leur disant à quel point vous êtes fier d'eux et à quel point ils ont fait des progrès.

Rappelez-vous que célébrer le progrès ne consiste pas à atteindre la perfection. Il s'agit de reconnaître les petits pas que votre enfant fait vers la guérison et la croissance.

9.2. Fixer des objectifs pour l'avenir avec votre enfant

Fixer des objectifs pour l'avenir avec votre enfant peut être une partie importante de son parcours de guérison des traumatismes. Voici quelques façons d'aborder cette question:

o **Commencez par de petits objectifs:** *Il peut être utile de commencer par de petits objectifs réalisables vers lesquels votre enfant peut travailler. Cela peut aider à renforcer leur confiance et leur motivation.*

o **Discutez de ses intérêts et de ses aspirations:** *Parlez à votre enfant de ses intérêts et de ses aspirations et de la façon dont il aimerait les poursuivre. Cela peut les aider à développer un sens du but et de la direction.*

o **Faites un plan:** *Travaillez avec votre enfant pour créer un plan pour atteindre ses objectifs. Cela peut inclure la décomposition des objectifs plus importants en étapes plus petites et l'identification des obstacles ou des défis qui pourraient devoir être relevés.*

o **Célébrez les réussites**: *Célébrez les réussites de votre enfant en cours de route, aussi petites soient-elles. Cela peut*

> *aider à renforcer les comportements positifs et les motiver à continuer à travailler vers leurs objectifs.*
>
> o *Soyez flexible: Il est important d'être flexible et d'ajuster le plan au besoin. La guérison des traumatismes n'est pas toujours un processus linéaire et des revers peuvent survenir. Il est important de soutenir et d'encourager votre enfant à continuer d'aller de l'avant.*

Des exemples d'objectifs pourraient inclure les réalisations scolaires, les activités parascolaires, les événements sociaux et la croissance personnelle, comme le développement de nouvelles compétences ou passe-temps. La clé est d'identifier les objectifs qui sont importants pour votre enfant et de l'aider à progresser vers un avenir plus positif et épanouissant.

9.3. Planification des reculs potentiels

La planification des revers potentiels est un aspect important de la guérison des traumatismes de votre enfant. Cela implique d'anticiper les obstacles ou les défis potentiels auxquels votre enfant pourrait être confronté à l'avenir et d'élaborer un plan pour les surmonter.

Voici quelques mesures que vous pouvez prendre pour planifier les revers potentiels:

> o *Identifiez les déclencheurs ou les facteurs de stress potentiels: Pensez aux situations ou aux événements qui peuvent déclencher des émotions ou des souvenirs négatifs pour votre enfant. Il peut s'agir d'anniversaires d'événements traumatisants, de certaines personnes ou de certains lieux, ou d'activités spécifiques.*

o *Élaborez un plan sur la façon de gérer ces déclencheurs:* Une fois que vous avez identifié les déclencheurs potentiels, travaillez avec votre enfant pour élaborer un plan sur la façon de les gérer. Cela peut impliquer de pratiquer des techniques de relaxation, de parler à un adulte ou à un thérapeute de confiance ou de s'engager dans une distraction positive.

o *Encouragez une communication ouverte:* Encouragez votre enfant à communiquer ouvertement avec vous au sujet de ses sentiments et de ses expériences. Dites-leur qu'il est normal d'avoir des revers et que vous êtes là pour les soutenir tout au long du processus de guérison.

o *Revoyez les objectifs et les stratégies:* Revoyez périodiquement les objectifs et les stratégies que vous et votre enfant avez développés ensemble. Faites des ajustements au besoin et célébrez les progrès réalisés par votre enfant.

Voici un exemple: disons que votre enfant a vécu un événement traumatisant dans un parc et qu'il se sent maintenant anxieux et craintif chaque fois qu'il se rend dans un parc. Vous pourriez travailler avec votre enfant pour élaborer un plan sur la façon de gérer ce déclencheur. Cela pourrait impliquer de pratiquer des techniques de respiration profonde et de visualisation et d'avoir un adulte ou un thérapeute de confiance pour accompagner votre enfant au parc. Vous pouvez également encourager votre enfant à communiquer ouvertement avec vous au sujet de ses sentiments et à célébrer les petits pas en avant, comme visiter un parc avec un thérapeute ou un adulte de confiance. Si votre enfant subit un revers, vous pouvez revoir le plan et faire des ajustements au besoin, comme pratiquer des techniques de relaxation plus fréquemment ou demander un soutien supplémentaire à un thérapeute.

9.4. Entreprises

Mes objectifs

La feuille de travail « Mes objectifs » est conçue pour aider les enfants à établir des objectifs à court et à long terme pour leur cheminement vers la guérison et à identifier les mesures spécifiques qu'ils peuvent prendre pour les atteindre. En utilisant cette feuille de travail, les enfants peuvent apprendre l'importance de se fixer des objectifs et développer un sentiment de contrôle sur leur propre processus de guérison. Cette feuille de travail peut également aider les enfants à renforcer leur confiance et leur motivation alors qu'ils travaillent à atteindre leurs objectifs.

Mes objectifs

Instructions : Réfléchissez à ce que vous voulez accomplir au cours de votre parcours de guérison. Notez vos objectifs à court et à long terme et identifiez les étapes que vous pouvez suivre pour les atteindre.

Objectifs à court terme (au cours de la semaine ou du mois suivant) :

Objectif 1 : _____

Étapes que je peux suivre pour atteindre cet objectif :

_____

_____

_____

_____

_____

Objectif 2 : _____

Étapes que je peux suivre pour atteindre cet objectif :

_____

_____

_____

_____

Objectifs à long terme (dans les six prochains mois à un an) :

Objectif 1 : _____

Étapes que je peux suivre pour atteindre cet objectif :

_____

_____

_____

_____

_____

Objectif 2 : _____

Étapes que je peux suivre pour atteindre cet objectif :

_____

_____

_____

_____

_____

N'oubliez pas que ce n'est pas grave si vos objectifs changent avec le temps. L'important est d'avoir quelque chose à travailler et de célébrer vos progrès en cours de route !

Aller de l'avant avec la guérison de votre enfant

La feuille de travail « Aller de l'avant avec la guérison de votre enfant » est un outil important pour les parents et les fournisseurs de soins qui soutiennent la santé mentale de leur enfant grâce à la thérapie cognitivo-comportementale. Il fournit une approche structurée pour réfléchir aux progrès et aux revers, remettre en question les pensées négatives, fixer des objectifs et des actions, et renforcer les changements positifs. En utilisant cette feuille de travail, les parents et les fournisseurs de soins peuvent continuer à soutenir la guérison de leur enfant et à progresser vers une amélioration de la santé mentale et du bien-être.

Aller de l'avant avec la guérison de votre enfant

Instructions:

Prenez quelques minutes pour réfléchir aux progrès de votre enfant jusqu'à présent. Quels changements positifs avez-vous remarqués dans le comportement ou l'humeur de votre enfant depuis le début de la TCC ? Écrivez-les ci-dessous :

Changements positifs : _____

Parlons maintenant des défis auxquels votre enfant a été confronté dans le processus de guérison. Notez les obstacles ou les revers que votre enfant a rencontrés :

Obstacles: _____

Revers : _____

Explorons toutes les pensées ou croyances négatives qui pourraient retenir votre enfant. Notez toutes les pensées négatives que votre enfant a exprimées ou que vous avez observées :

Pensées négatives: _____

Défions ces pensées négatives. Sont-ils basés sur des faits ou des hypothèses ? Écrire

vers le bas des preuves qui soutiennent ou réfutent ces pensées :

Preuve pour : _____

Preuve contre : _____

Après avoir examiné les preuves, quelle pensée plus équilibrée votre enfant peut-il avoir sur lui-même et ses progrès ? Écrivez-le ci-dessous :

Pensée équilibrée : _____

Faisons un plan pour aller de l'avant avec la guérison de votre enfant. Notez quelques objectifs et actions spécifiques que vous et votre enfant pouvez entreprendre :

Objectif 1 : _____

Action: _____

Objectif 2 : _____

Action: _____

Enfin, parlons de la façon dont vous pouvez renforcer les changements et les comportements positifs chez votre enfant. Notez quelques façons spécifiques d'encourager et de soutenir votre enfant :

Façons de renforcer les changements positifs : _____

_____

_____

_____

N'oubliez pas que la guérison est un processus qui demande du temps et des efforts. En utilisant des techniques de TCC et en fixant des objectifs et des actions spécifiques, vous et votre enfant pouvez continuer à progresser et à avancer dans le processus de guérison.

Célébrer le progrès

La feuille de travail « Célébrer le progrès » aide les enfants en les encourageant à réfléchir aux progrès qu'ils ont réalisés dans leur cheminement vers la guérison. En reconnaissant leurs réalisations, les enfants peuvent renforcer leur estime de soi et leur motivation à poursuivre leur travail de guérison. Cette feuille de travail aide également les enfants à identifier les domaines où ils ont encore besoin de soutien et de croissance, ce qui leur permet de se fixer de nouveaux objectifs et de continuer à aller de l'avant. En fin de compte, cette feuille de travail aide les enfants à rester concentrés sur leur cheminement de guérison et les encourage à célébrer leurs réussites en cours de route.

Célébrer le progrès

Instructions : Utilisez cette feuille de travail pour réfléchir à vos progrès dans votre parcours de guérison et célébrer vos réalisations. Prenez le temps d'apprécier votre travail acharné et les progrès que vous avez réalisés, et identifiez les domaines dans lesquels vous avez encore besoin de soutien et de croissance.

Réfléchissez à votre parcours jusqu'à présent. Quels sont les défis auxquels vous avez été confrontés et comment les avez-vous surmontés ?

_____

_____

Notez certaines des choses que vous avez accomplies depuis le début de votre parcours de guérison. Il peut s'agir de grandes ou de petites réalisations, comme essayer une nouvelle stratégie d'adaptation ou parler de vos sentiments avec un adulte de confiance.

_____

_____

Pensez aux personnes qui vous ont soutenu tout au long de votre parcours. Qui a été là pour vous, vous a écouté et vous a encouragé ? Notez leurs noms et comment ils vous ont aidé.

_____

_____

Identifiez les domaines où vous avez encore besoin de soutien et de croissance. Quelles sont certaines des choses que vous aimeriez travailler ou améliorer ? Réfléchissez aux ressources ou aux stratégies qui pourraient vous aider dans ces domaines.

_____

_____

Enfin, prenez le temps de célébrer vos progrès et vos réalisations. Vous pouvez le faire en vous offrant quelque chose de spécial, en faisant quelque chose que vous aimez ou simplement en reconnaissant votre travail acharné et votre détermination. N'oubliez pas que la guérison est un voyage et que chaque pas en avant mérite d'être célébré.

Questions de réflexion :

Quelles sont certaines des réalisations dont vous êtes le plus fier?

_____

_____

_____

Qui a été le plus grand soutien pour vous pendant votre parcours de guérison ?

_____

_____

_____

Quels sont les domaines dans lesquels vous avez encore besoin de soutien ou de croissance ?

_____

_____

_____

Comment pouvez-vous célébrer vos progrès et continuer à travailler vers vos objectifs ?

_____

_____

_____

Conclusion

Les traumatismes de l'enfance peuvent avoir un impact majeur sur la vie d'une personne, mais ils n'ont pas à définir son avenir. « L'ENFANCE PEUR POUR ENFANTS 8-12 » est une ressource précieuse pour les enfants qui ont vécu un traumatisme et qui cherchent des moyens de guérir et d'aller de l'avant dans leur vie. Ce manuel utilise des techniques de thérapie cognitivo-comportementale fondées sur des preuves pour guider les enfants tout au long du processus de compréhension et de gestion de leurs symptômes liés aux traumatismes. Grâce à des feuilles de travail, des activités et des exercices interactifs, les enfants sont habilités à jouer un rôle actif dans leur cheminement de guérison. Ils sont encouragés à explorer leurs émotions, à identifier les déclencheurs et à développer des stratégies d'adaptation pour gérer leurs symptômes. Le cahier de travail met également l'accent sur l'importance des soins personnels, de l'auto-compassion et de l'établissement de relations positives.

Grâce à l'utilisation d'exemples pertinents et d'exercices stimulants, les enfants sont en mesure de mieux comprendre leur traumatisme et son impact sur leur vie. Ils sont guidés à travers un processus de guérison et de découverte de soi, les aidant à passer de la survie à la prospérité. Dans l'ensemble, « L'ENFANCE PEUR POUR ENFANTS 8-12 » fournit une ligne directrice complète et habilitant pour les parents afin d'aider leurs enfants à surmonter leurs blessures passées et à développer les outils nécessaires pour un avenir épanouissant et résilient. Ce cahier d'exercices est un incontournable pour tout parent dont l'enfant a vécu un traumatisme et qui cherche à prendre le contrôle de son parcours de guérison.

www.ingramcontent.com/pod-product-compliance
Lightning Source LLC
Chambersburg PA
CBHW060239030426

42335CB00014B/1534